しない技術

佐藤有紀
日本&米ニューヨーク州 弁護士

プレジデント社

はじめに

- **弁護士**
- **新興（上場）企業の社外役員**
- **NPO法人やOB会の監事**
- **セミナー講師**
- **文筆業**
- **主婦**
- **母**

一人七役、これが今の私の役割です。

本業は企業の法律問題を扱う弁護士をしています。M&A、会社の組織再編、資金調達、海外との企業との取引といったプロジェクトに関与し、そのリーガル面をサポートしています。

そうした専門知識も活かし、現在は、新興（上場）企業の社外役員、NPO法人や大学のOB会の監事、大学の兼任講師を務め、また法律関係の記事や書籍もいくつか執筆しています。

プライベートでは一年半前に出産しました。


社会人になってから出産するまでは、24時間すべてが自分の時間でした。平日は深夜までオフィスで仕事をし、それから家に帰って数時間寝て、翌日はまた9時か10時ごろから働くという生活をしていました。そして、飲み会に行けば深夜まで飲み、週末はゴルフに行く。

すべての時間を自分のために、めいっぱい働き、めいっぱい遊ぶ、これが出産前の私の一週間でした。


しかし子どもが生まれてからは、24時間すべてを自分のために使うわけにはいきませんから、当然、時間の見直しが迫られます。周りの働く女性を見渡すと、産後は超朝型になった人、家事をしなくなった人、リモートワークするようになった人……、それぞれにライフスタイルを多かれ少なかれ変えています。

そこで、まずこれまで使っていた時間の中身を必要経費、投資、浪費に分けて検討しました。

たとえば勤務時間は、基本的に必要経費。歓送迎会や暑気払い、忘年会など職場の飲み会も必要経費だけれども、二次会、三次会まで行ってしまったら、浪費になってしまうかもしれない。

英語の勉強やセミナー、講演会などに出かけるのは投資。でも仕事に関係する度合いによって、投資なのか浪費なのか変わってくる……、という具合です。

ひとつひとつ今使っている時間を3つに分けていくことで、自分の優先順位が

はっきりし、それと同時に、残念ながら多くの時間を浪費していたことも分かってきました。

無駄な時間を削って、効率的な時間の使い方をする、適切に自分の時間をマネージできれば、仕事の手を抜くことなくさらに成長できる、しかも家族との時間も大切にできるのではないかと思いました。

そこで、私は

①**しなくていいことはやらない**

②**時間当たりのアウトプットをふやしていく**

ことを徹底することにしました。1つめの点は、優先順位を意識して、優先順位が低いものはできなくても仕方ないと考えることと、他の人にどんどん頼むようにすること、2つめの点は、集中力を切らさないようにすることと、複数の物事を同時並行で進めたり、ながら時間を有効活用したりすることです。

そういった工夫が功を奏してか、今は育児をしながらも、仕事をこれまで以上にこなし、英会話スクールに通い、ゴルフや飲み会も相変わらず楽しんでいます。年に何度かは海外出張にも出かけています。

- **子育てを仕事の、仕事を子育ての言い訳にしたくない人**
- **仕事をしながら資格を取得したい人**
- **本業だけでなく副業もしたい人**

この本はこうした「やりたいことがあるけれど時間がない」、そう思っている人にお贈りしたい本です。

時間はとても貴重なものです。「忙しくて今日もできなかった」と後悔しながら過ごすのではなく、自分にとって大切なこと、楽しいこと、成長できることに、もっとフォーカスして時間を使いたいですよね。何歳になっても、知らなかった世界を新たに知ることは、とても面白く心躍るものです。

少しの意識改革とちょっとしたコツで、時間はいくらでも生み出すことができます。本書のアイデアを一つでも二つでも参考にして、生活の中に取り入れてみてください。

それであなたの夢や目標を実現できれば、私としてはこれほどうれしいことはありません。

わたしの超多忙な1日

1人七役の1日は左のように、朝6時の起床から始まります。
1分1秒もおろそかにできない毎日ですが、
時間に追われてアクセクするのは嫌でつらいものです。
だから「時間がない！」と嘆くのではなく、
時間がないからこそ、心に余裕をもって
仕事に、家事に、子育てに、そして幸せのために
時間を使い、限りある1日を実のあるものにしたいのです。
そんな気持ちで生み出した、わたしの〝時短術〟を紹介します。

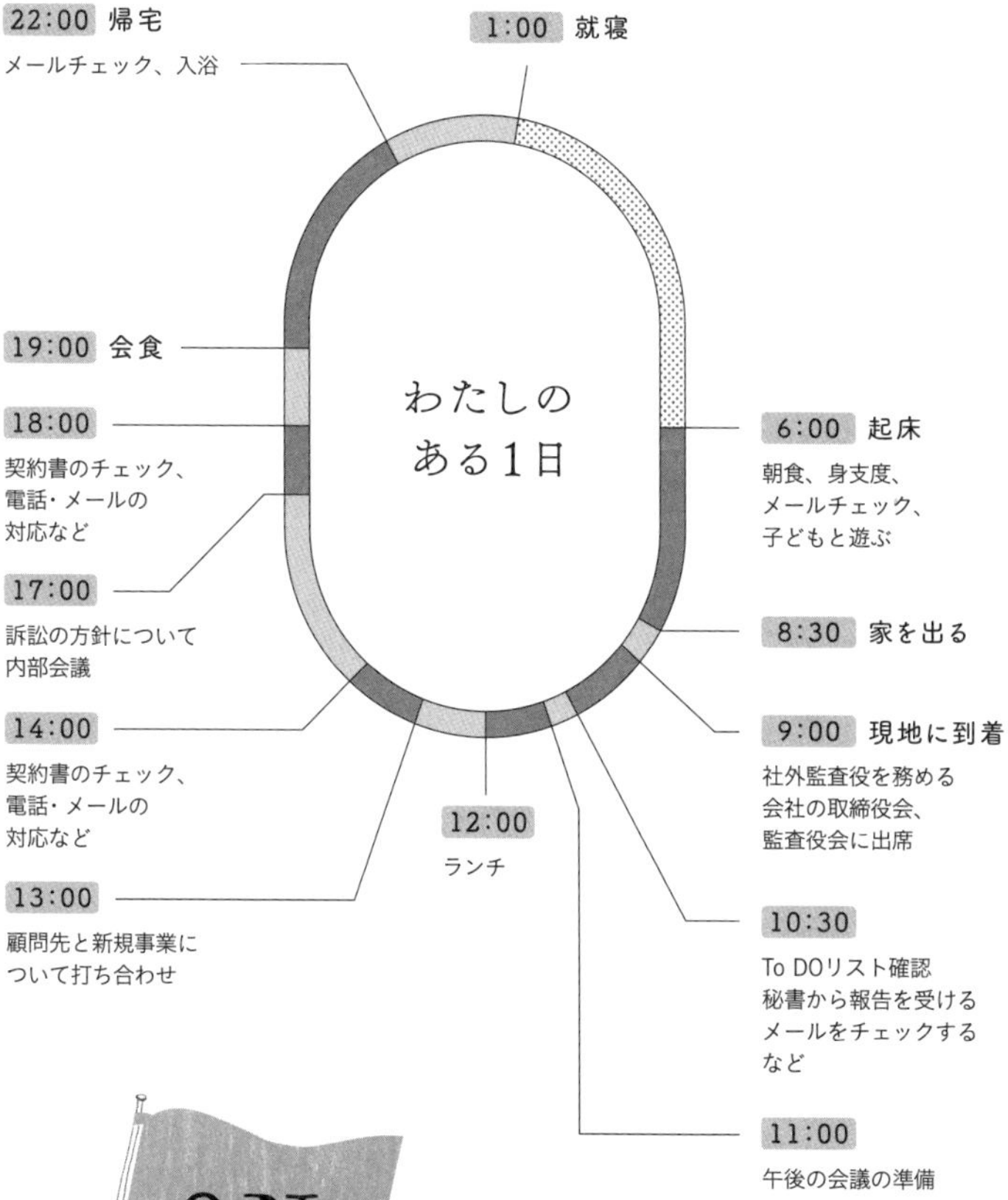
わたしの
ある1日
1:00 就寝
6:00 起床
朝食、身支度、
メールチェック、
子どもと遊ぶ
8:30 家を出る
9:00 現地に到着
社外監査役を務める
会社の取締役会、
監査役会に出席
10:30
To DOリスト確認
秘書から報告を受ける
メールをチェックする
など
11:00
午後の会議の準備
12:00
ランチ
13:00
顧問先と新規事業に
ついて打ち合わせ
14:00
契約書のチェック、
電話・メールの
対応など
17:00
訴訟の方針について
内部会議
18:00
契約書のチェック、
電話・メールの
対応など
19:00 会食
22:00 帰宅
メールチェック、入浴

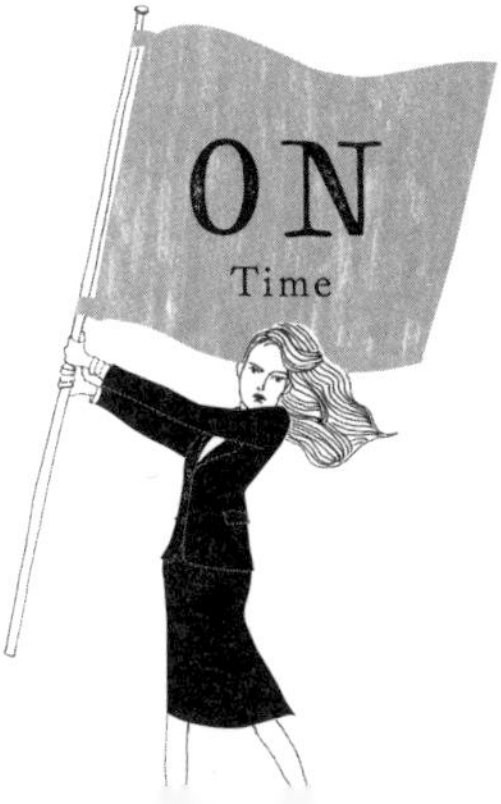
ON
Time

目次

しない技術

シンプル時間管理術

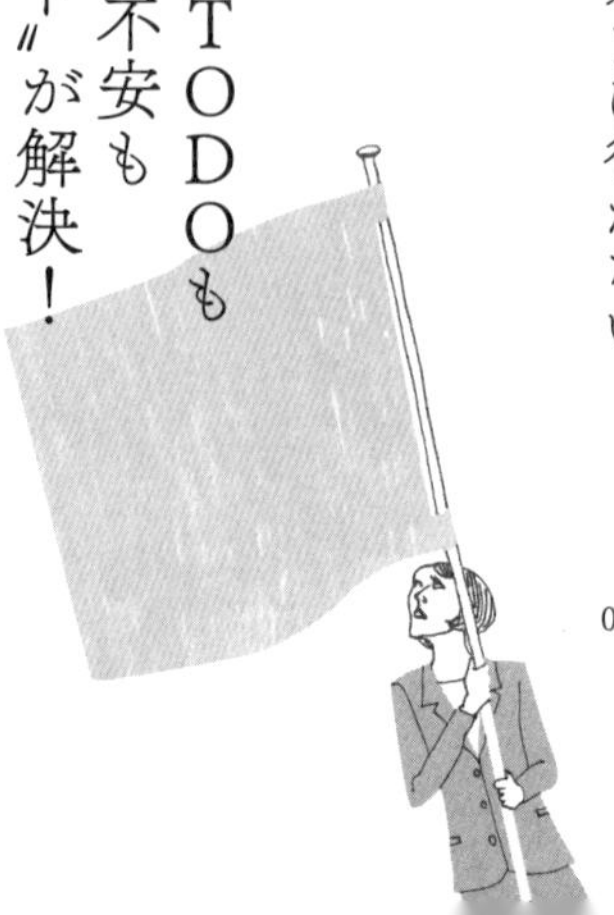

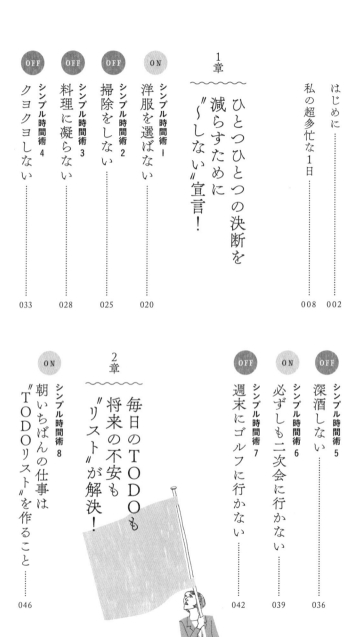

3章
マルチタスクはお手のもの! 徹底的に〝同時進行〟

4章

一人じゃ無理です。仕事も育児も〝シェア〟が基本

5章

絶対に外せない！〝人とのおつき合い〟は金の時間

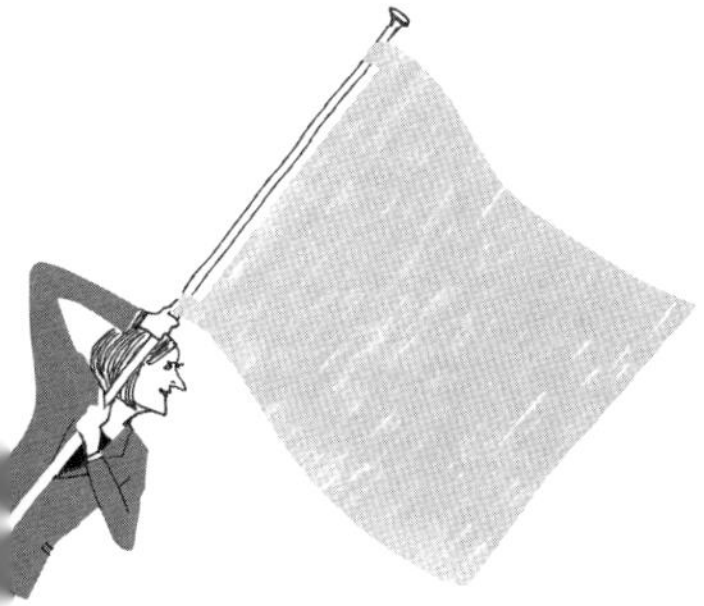

6章 教えます！ 時短をきわめた私の仕事術

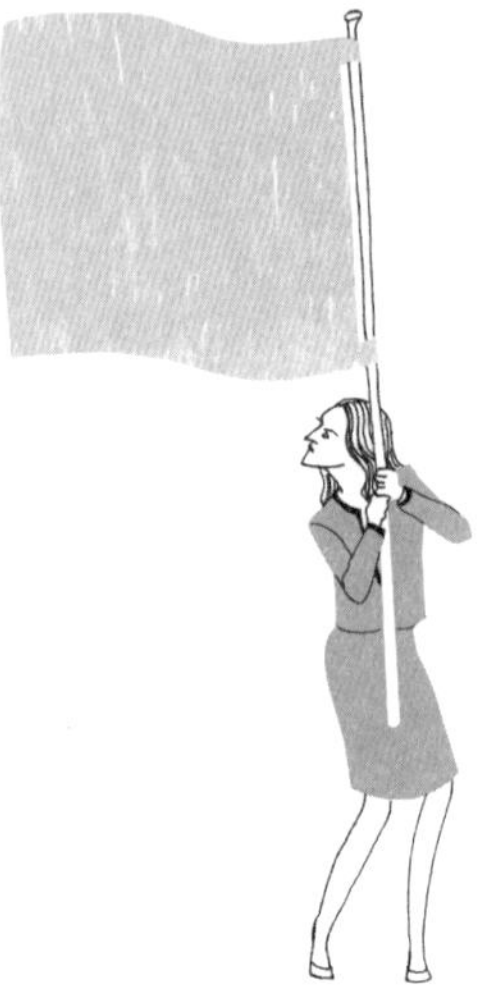

7章 言いたいことが すっと届く、 とっておきの伝え方

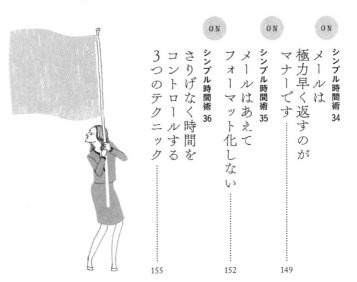

デザイン＝細山田デザイン事務所
イラスト＝MAIKO SEMBOKUYA
撮影＝大沢尚芳

1章

ひとつひとつの決断を減らすために〝～しない〟宣言！

シンプル時間術1

洋服を選ばない

服や靴がたくさんあるから
選びたくなる。
だから まず断捨離を

自分にとって重要な時間を確保するためには、**今までしていたことを〝しない〟あるいは〝減らす〟**ことが必要になります。私にとって、そのひとつが、〝洋服を選ばない〟ことです。

おしゃれは女性の楽しみのひとつですが、毎朝クローゼットの前で「今日は何を着ていこうか」と悩むのは正直、時間がもったいないのです。そうした洋服を選ぶ手間と時間をなくすために、私は仕事で着る服は決めています。

そもそも仕事服は着たいと思う服というよりも、似合う服であること。さらに似合う服よりも相手に合わせた服を選ぶことが大切です。相手に合わせるというのは、相手の期待に合わせるということです。かたい職業なら、カチッとした服装が求められます。

学生時代の私は、ふわっとしたかわいい服が好きでしたが、社会に出るとさすがに職業柄、ゆるふわスタイルは浮いてしまいます。その格好で弁護士の名刺を出したなら、この先生に頼んで大丈夫かな？　と思われても仕方がありません。

やはり弁護士ならパリッと濃い色のスーツを着て、弁護士らしく見せたい。でも濃い色のスーツでも、濃紺のリクルートスーツではおかしいですよね。そもそも大人の女性が仕事できちんと着られるスーツはまだまだ少ない……。**これは自分で探すのは難しいと思い、助けてもらったのがパーソナルスタイリスト**です。

パーソナルスタイリストの方には、まずは予算を伝え、一緒に都内のデパートへ。スーツを中心に、ビジネス寄りのニットやスカートなどを何枚か選んでいただきました。プロの視点が入ると、ふだん自分が選ばない洋服を選んでいただけるので、「こんな組み合わせがあったのか」「こうするときちんと見えるんだ」と新たな発見があります。自分で選ぶこともありますが、これらのアイテムに買い足す程度です。ワンフロア回っておしまい、とあっという間に買い物は済んでしまいます。これで私の平日のワードローブは完成です。朝起きたら、クローゼットにかかっているスーツを自動的に着るだけです。

今は、今年と昨年とでは流行ががらっと変わったなと思ったときだけ、スタイリストの方にショッピングに同行してもらうようにしています。

そもそも洋服を持たなくなった理由

以前は靴も洋服もたくさん持っていて、アメリカの大学院に留学したときは、季節ごとに違う洋服を段ボールに10箱以上詰めて持っていきました。けれども、大学院に通う他の多くの学生たちは、いつも同じ服を着ていました。

仕事でシンガポールに住んだときもそう。シンガポールは1年を通して夏なので、それほど洋服の枚数は多くなりませんでしたが、靴はたくさん持っていきました。ところが現地の人たちはヒールの高い靴、ペタンコの靴、ビーチサンダルだけ（笑）。アメリカでもシンガポールでも、そんな中で暮らしているうちにおしゃれにこだわることにあまり関心がなくなってしまったのです。着ていくところがなかったんです。結局、持っていった服も靴もほとんど使いませんでした。

特にシンガポールでは現地の人と働くことが多く、早く溶け込みたいという気持ちがあったため、周りの様子が気になったというのもあります。

帰国してから真っ先にしたことは、洋服や靴の〝断捨離〟。自宅のクローゼットに入りきらない洋服は実家に大量においてありましたが、それもほとんど処分しました。パーソナルスタイリストの方に似合う色、系統を見ていただいてから、似合わないものは全部捨てました。そのときに、こんなムダなことはもうしたくない、としみじみ悟りました。少なくなって初めて、たくさんあると選ぶのにも時間がかかることに気づいたのです。

現在、私のクローゼットには、黒、紺、グレー、ベージュなど1週間分のスーツが5〜6着かかっています。引き出しにはトップスが、クローゼットにはボトムスなどが、**色別で収納**してあります。色別にしているのは、トップスが白ならコーディネイトがしやすいからです。それに、**色別に分けると、すでに持っているものと同じようなものを買っていないかムダをチェックしやすくなります。**クローゼットに入らなくなったら、多すぎると判断して処分しているので、ムダなものでクローゼットがあふれることもありません。2度の海外滞在経験が、洋服を選ぶ時間をカットするという時間術に結びついたわけです。

シンプル時間術 2

掃除をしない

子どもと過ごす時間が欲しい!
だから割り切って
人にお任せします

〝～しない〟のは、洋服選びだけではありません。私は掃除もしません。

今は、〝タスカジ〟という家事代行サービスの家政婦マッチングサイトを利用し、週に1度、タスカジさんというハウスキーパーに来ていただいているからです。

帰ったら家がきれいになっていますので、掃除も皿洗いもせずに子どもと思い切り遊べます。自分でするのは、床に落ちているものを拾うとか、出したものを元の場所に戻すぐらいですね。私の利用しているサービスは1時間1500～2000円程度なので、それほど贅沢なサービスというわけではないと思います。

タスカジを創業した和田幸子さんは、私の友人でもあり、**育児と仕事に集中するために、苦手な家事は誰かに任せたい**、という彼女自身のニーズが起業のきっかけだったそうです。もちろん、彼女自身もタスカジのヘビーユーザーで、掃除や料理だけでなく、引き出しの整理などの〝断捨離〟まで頼んでいるというからさすがです。わが家に来てくださっているのはフィリピンの方ですが、英語でコミュニケーションを取ることもあるため、思いがけず英会話の機会が得られています。

フィリピンではハウスキーパーの仕事がビジネスとして発展していて、プロフェッショナルとしての意識も高いように思います。こちらもビジネスライクに頼めて心理的に楽です。日本人の年配の方に「ここの汚れが落ちていないので、やり直してください」とはちょっと言いにくいですから……。

もちろん家事は自分でしたいけれど、ちゃんとやるとキリがありません。**優先順位が高くないものは、やはり誰かに代わってもらわなければ、子どもと過ごす時間もありません。**頑張るべきポイントは他にある、と私は割り切っています。

シンプル時間術 3

料理に凝らない

献立は食材から決めれば
買い物の手間が大幅カット

夫婦ともに週に2回程度、外食の機会がありますので、自宅ではなるべく自炊し、健康的なものを食べたいと思っています。食べることが好きなので、料理自体は苦になりませんが、これもあまりこだわっていると、膨大な時間を奪われてしまうので工夫が必要です。

これまでは自炊するとなると、仕事の帰りに献立を考えながらスーパーに行き、必要な食材を買っていました。そうすると、たいてい食材が余ります。余った食材を使い切るために、レシピを調べると足りない食材が出てきて、それを買うためにまたスーパーに買い足しに行って……、とエンドレス。すごく大変です。

そこで出産を機に食材の宅配サービス〝オイシックス〟を利用し始めたら、これが大正解でした。献立から食材を選ぶのではなく、食材から献立を決めるようになりましたので、食材がほとんど残らず、スーパーに行く回数は激減しました。足りないものは、スーパーで買いますが、入ってこれとこれ、と必要なものだけを買うので時間も大幅に節約できます。まず野菜売り場から入り、肉売り場、魚売り場を見て、最後のレジのところで細々としたものを手に取る、そしてまた買い忘れを思い出して野菜売り場に戻る……、というこれまでの買い物がまどろっこしく感じるようになりました。

「今日は何にしよう」と献立作りに頭を悩ますことがないのも、ほんとうに楽で、もっと早く利用すればよかったと思うほどです。

オイシックスは産地が表示されていたり、無農薬や減農薬など食材にこだわっていたりするので、〝体にいいことをしている〟感じがあり、家事をしなくちゃという奥様の罪悪感をなくしてくれるのが特長ですね。

毎月の利用金額は、だいたい2万円台でしょうか。安くはありませんが、今までスーパーでたまにはいいものを！　と贅沢することもあったことを考えると、トータルでの金額はほとんど変わっていないように思います。むしろ、買い物をする時間を省き、夕方職場を出る時間ぎりぎりまで仕事ができたり、**おなかをすかせた子どもを連れてスーパーに行かなくてすむ**ことを考えると、相当な時短になっていると思っています。

料理代行をお願いして〝作り置き〟もストック

それに加えて、家事代行サービスの〝タスカジ〟や〝CaSy（カジー）〟でマッチングした方に、たまに料理代行をお願いすることもあります。調理師免許を持っている方や、レストランで働いていた経験を持つ方がけっこういらっしゃるようですね。

食材は基本的に冷蔵庫にあるものを使ってもらいます。先日は、調理師免許を持っている方で、三口《みつくち》コンロとオーブンをフルに稼働させて、あっという間にこちらからリクエストしたハンバーグのほか、パプリカの肉詰めやサラダなど、主菜4品、副菜5品を作ってくださいました。

味はどれも抜群です。しかも、いつもと目先の違うものが食べられて、家族も大喜びでした。食べ切れなかった料理は冷凍しておけば、また別の日に使えます。ちなみに、わが家の冷凍庫は、かなり大きく、熱いものでもすぐに冷凍できるタイプのものです。

私の同い年の仲のいい友人の話です。

彼女は子育てをしながら、大手メーカーに法務部長として勤めていますが、平日は食事を作らないと割り切っているそうです。デパ地下などのお惣菜を購入して料理をする時間を省き、その分、家に帰ったら子どもと思い切り遊ぶ。外からは完璧にやっているように見える彼女ですが、実はそんなふうにメリハリをつけているのです。

「料理はしない」と言い切るほど、私はまだ割り切れていませんが、料理は1時間かけて作ったのに10分で食べ終わってしまったということになりがちです。

そう考えると、みじん切りしたり、だしを取ったりするのは、自分でなくてもいいのかな、という気もします。

料理はどこまで自分でやらなくてはいけないか――その線引きが難しい家事です。けれども**「一から全部自分でする」という発想を捨てれば、かなり時短できる**ということだけは確かです。

シンプル時間術4

クヨクヨしない

考えても
仕方ないことは
考えない！

運動や睡眠も大事ですが、いちばんの健康の秘訣は、ストレスをうまくコントロールすることではないでしょうか。

社内、社外、法人、個人……、毎日多くの人と関わっていると、こちらの意図が伝わらない、無茶な要求をされる、落としどころがわからない交渉が続くなど、さまざまな理由で気疲れすることがあります。時には「なにそれ!?」と思うようなことも……。

そんなときは**とにかく寝て、ストレスを解消します。いやなことがあっても、1日寝れば、たいてい忘れることができます。**

こう書くと、とても楽観的な性格に見えますが、私はどちらかというと、いつまでも自問自答して、クヨクヨするほうです。何か問題が起こると、どうしてこうなったんだろう、どうしたらいいんだろうという考えが止まりません。

他のプロジェクトもどんどん進行している、そんな中でもクヨクヨしてしまい、気をとられてしまって集中できないこともあります。けれども、そんな気分になってしまったら、ちょっと俯瞰《ふかん》してみます。

そうすると、原因とその結果、社内外での今後の対応策、いろいろ考えられますが、そもそも**考えてもしょうがないことや、自分でコントロールしようがないこともあるわけです。**そんなふうに考えていくと、**結局、時が解決するのを待つしかない**のかなと思います。

先日も、かなりショッキングな出来事がありましたが、こちらでどう考えても仕方ないことでした。

1日経ったら気持ちが軽くなり、2日したらもう少し軽く、3日目になったら、だいたい回復していました。金曜日に起こったことでしたので、翌週の月曜日にはかなり元気になって仕事に戻れました。3日で済んでよかったというわけです。

どんなショックなことでも「これはどうしようもないな」と、いったん自分で受け止めてみると、意外に早く立ち直れるのかもしれません。クヨクヨしたくなるけれど、仕事の効率のためには、やはりクヨクヨしないのがいちばんです。

シンプル時間術5

深酒しない

飲んだあとにルーティンをこなせるのが私の適量

私は自分でもワイン会や日本酒の会を主催するほどお酒が大好きです。たくさん飲んでも具合が悪くなったり、二日酔いになったりすることがありませんので、これまでは飲みたいだけ飲んで、酔って帰宅してそのままベッドに直行、そして数時間後にむくりと起きて仕事へ、という生活でした。

子どもが生まれて、さすがにお酒を飲む機会自体は減りましたが、相変わらずたしなんでいます。けれども、飲み方や飲む量には気をつけるようになりました。**目指すのは飲んだ後に、自宅に戻ってから、メールの返事をする、朝の食器を片づけて、お風呂に入って……、といったルーティンをこなせる量。**酔っ払ってそのままベッドに直行するのは飲みすぎです。

そうすると私なら、ビール＋赤白ワインで3杯といったところでしょうか。これが私にとって、飲み会の雰囲気を壊さずに飲めて、仕事にも響かないちょうどいい量なのです。ウイスキーはかなり酔ってしまうので、飲まないようにしています。

適量であっても、お酒を飲んだ後は、つい心地よくなり、帰宅したとたんパタンと寝てしまうこともあります。けれども、年齢とともにお酒を飲むと眠りが浅くなるため、ぐっすり眠れず、たいてい朝方に目が覚めてしまいます。このときに起きたら、絶対に二度寝はしません。せっかく目が覚めたのに、寝たらもったいない……。

もちろん二度寝は気持ちいいし好きですが、やはり起きている時間は貴重です。このあたりの感覚は、子どもが生まれてから変わりましたね。**さっさとベッドから出て顔を洗えば、いつも以上に多い朝時間が確保できる**のです。

私にとってお酒を飲むのは、リフレッシュに欠かせませんが、くれぐれも深酒はNGと自戒しています。

シンプル時間術 6

必ずしも二次会に行かない

情報収集のためだけに行くのは時代遅れ!?

会社の飲み会やパーティーなどに参加し、宴が盛り上がれば、必然的に二次会へ、という流れになります。

日本の会社は、二次会（三次会や四次会のことも……）の最後の最後で、上役の本音がポロリと出ることがありますよね。かつては、私も社内のこうした重要事項を絶対に聞き漏らすまいと、二次会の最後まで居残っていましたが、二次会まで参加して、終電でうちに着くころにはぐったり。一次会で切り上げるのと二次会の最後までいるのとでは、疲労度は全く違います。

そうした体力的事情に加えて、いまは小さな子どももいますから、なるべく家には早く帰りたい。二次会に行かないこともふえました。

二次会に行かなくなり、実はその席ではあまり大した話をしていなかったということが分かりました。振り返ってみると、二次会に10回参加して、重要な話が出たのは2回程度。8回は疲れただけのように思います。確度の低い情報を張っていても、**労力と時間がムダになる**だけということです。

社外でも二次会、三次会で人数が少なくなるほど本音が出やすい傾向がありますが、昨今は飲み会のあとにフェイスブックなどSNSでつながったり、メールで個別にアプローチできたりする時代です。場を改めて深い話をすることが可能ですので、わざわざそのためだけに二次会に参加する必要はないのかもしれません。私自身、一次会で名刺交換した方には、その後、積極的にこちらからフェイスブックの友達申請をお送りするようにしています。

もちろん、**もっとこの人と話がしたい、親しくなりたいというときには、そのまま二次会に参加する**こともあります。けれども、そうではなく、会社の愚痴か世間話か、下ネタか……、そういう軽い話になりそうなときにはさっさと帰らなければ、時間がもったいない。そのときのメンバーや話の中身によって、行くかどうか決めるということですね。

時間をムダにしないためにも、二次会まで行く必要があるときとないときがあると知って、それを見極めることが大事なのではないでしょうか。

シンプル時間術7

週末にゴルフに行かない

時間効率のよい平日なら仕事と両立できる

年齢を重ねても、なお元気に働いている人は、みんな健康管理に気を使っています。私もその一人。心身ともにストレスをためないように、しっかりと睡眠をとって適度に運動しています。

私にとって運動といえばゴルフです。

緑の中、草を踏みしめて歩きながら、思い切りスイングすると気分がスッキリします。桜、新緑、紅葉、と季節の移ろいを感じられるのも、ほんとうに気持ちいいですね。ふだんオフィスビル群に囲まれて生活しているので、余計にそう感じられるのかもしれません。

ゴルフ上達のために、ふだんはストレッチや軽い筋トレなどで必要な筋肉をつけるように努力しています。朝晩15~20分程度、以前、パーソナルトレーナーの方に習った基本のトレーニングを実践するのが日課になっています。

私の場合、「三歩進んで二歩下がる」といった具合で、なかなかうまくなりませんが、それでも少しずつ成果が見えるとうれしいですね。それも仕事では味わえない喜びです。

とはいえ、**ゴルフは移動とプレーで丸1日かかってしまうのが難点**です。私も出産前は夢中になって行っていましたが、さすがに現在は月に1回程度と減りました。

私の周りの忙しいビジネスパーソンにも「ゴルフはしなくなった」という人がふえています。確かに、休日の夜にゴルフから帰ってきて「疲れたな」「明日は仕事か」と寝るだけになってしまうのは、せっかくの1日を有効に使っていない気がします。

そこで最近は、週末ではなく平日に行くようにしています。平日はゴルフ場もすいていて半日で終わるので、プレーしたとしても、午後にはオフィスに行って仕事を始められます。もちろん気分はリフレッシュできているので、仕事の効率もアップ。平日ゴルフは、忙しいビジネスパーソンにこそおすすめなのです。

2章

毎日のTODOも
将来の不安も
〝リスト〟が解決！

シンプル時間術 8

朝いちばんの仕事は〝TODOリスト〟を作ること

付箋に書き出して見えるところにペタリ

朝6時、朝日とともに自然に目覚めて、私の1日がスタートします。

朝はメールをチェックしたり、その日のスケジュールを確認したりするスタートダッシュの時間です。

スケジュールを確認したら、今日の〝TODOリスト〟を作ります。起きてくる子どもの世話や自分の身支度をしながら、「あれもしないとこれもしないと」と思いを巡らせ頭の中で整理します。そしてオフィスで机に向かって、まずリストを書き出します。

リストアップに使うのは、よくある2・5×7・5㎝の長方形の付箋《ふせん》。付箋1枚につき、一つのタスクを書き出します。パソコンだと立ち上げるのに時間がかかりますし、スマホも暗証番号を入力しているうちに忘れてしまいそう（笑）。やはり手書きが、いちばんです。

使用する付箋は2色です。1色は〝今日じゅうに済ませること〟、もう1色には〝なるべく早くすること〟を書き、**優先順位で色分け**しています。オフィスに着いたら、**いちばん目につきやすいパソコンのモニターに、ペタペタと貼って“見える化”しています。**

ＴＯＤＯリストは、リストに書いてあることを「まずはこれ」「次はこの件をやろう」と順番にやっていけばいいだけですので、いちいち「次は何をしようかな」と考える手間が省けます。

細分化するほど機械的にできますので、電話などで中断してもすぐに作業に戻れます。書くときは、やることをできる限り細かく書きましょう。

また締め切り管理にも有効です。今日じゅう、あるいは1週間後、急ぎではないけれどなるべく早めなど、締め切りが混在している場合でも、リストアップすることで優先順位がはっきりとさせられます。

私の知人で、知識・スキルの個人間取引（CtoC）プラットフォーム「ココナラ（coconala）」を運営する株式会社ココナラの南章行さんに、時間をうまく使うコツを聞いてみたところ、やはり、仕事やアイデアなどを思い出したらすぐにメモし、リスト化するようにしているとのことでした。漏れがあると仕事が遅れたり、可視化されていないと実際以上に忙しく感じたりするけれども、細かく可視化さえされていればどんどんリストを消化することで効率的に仕事が進むし、精神衛生上もよいとのことです。

彼が使っているのは、〝Trello〟〝Captio〟といったツールで、これはかなり使い勝手がよさそうという印象を受けました。

10個のタスクがあれば10枚の付箋が貼ってあるわけですが、済んだものからどんどんはがして捨てていきます。付箋が目の前からなくなることで、達成感を得られるのも、この方法のよいところです。

この**〝達成感〟というのは、仕事にしろ勉強にしろ、走り続けるモチベーションをキープするためには大切な要素**です。

思い起こせば中学受験の頃は「ここまでできたらお菓子」など、母が達成感を感じさせる、しかけを作ってくれていました。

大人になった今でも、ここまでできたらスターバックスのコーヒー、終わったらシャンパン、と**何かを達成することに、自分にご褒美を与えてモチベーションを維持させています。**

仕事が終わらなかったものについては、付箋はそのままで翌日に持ち越します。「残ってしまった」となるとモチベーションもダウンしてしまいますので、なるべくリストは少なめにしておくのが正解です。

やはり小さな子どもがいると「急に熱を出して預けられません」ということもあります。子どもの通う保育園では朝、バスに乗る前に、体温を測りますが、そこで37度5分以上あったら、その日は保育園に預けられません。今はそういうことが時々起こりますので、最初から無理をしないよう気をつけています。一日がうまく回らなければ結局、自分もつらくなるし、他の人にも迷惑をかけることになるのです。

カーテンは開けっぱなし！　朝日を目覚まし代わりに

朝スッキリと目覚めるコツは、簡単なことですが寝室のカーテンを開けっぱなしにして寝ることです。朝日が目覚まし代わりになって、自然に起きられます。以前は目覚まし時計を使っていました。が、そうすると自分の睡眠のリズムと違うタイミングで起こされるため、やはり疲れます。もちろん前の晩に寝るのが遅く、眠いのに起きなければならないこともあります。日の出の遅い冬場は起きるのも少し遅くなりますが、生活に影響を及ぼすほどではありません。

一度、目が覚めたら、どんなに眠くても二度寝はせずに、そのまま起きるのも子どもが生まれてからのマイルールです。実は小学校時代からずっと寝坊の多かった私。目覚まし時計が鳴るより早く起きることができると、すごく得した気持ちになってうれしいのです。朝は〝今日〟という日を充実して過ごすためのエンジンをあたためる時間です。スッキリと目覚めることで、その日のエンジンのかかり具合も格段に変わってくるのです。

シンプル時間術 9

後回しになりがちな仕事は、リストで細分化すればスイスイ

最初のハードルを低くして取り掛かりやすくする

「やらなくちゃ」とわかっていながら、1週間も手をつけていない、締め切りが1カ月先でも、やるのは結局ギリギリ……、**なぜかいつも後回しになってしまう仕事があります。**私の場合、そんな仕事に対して原因を探ってみますと〝わからない〟〝前例がない〟〝自信がない〟そういう共通点が見えてきます。

たとえば、新たな案件に取り組むことになったけれども、その中には全く知らない法律が関係する（かもしれない）という場合。こういうときは、まずその法律の理解を深めてから、特定の問題について検討したり、社内の詳しい人にサポートしてもらったり、時には官公庁に問い合わせたりして進めていきます。

その間に何回か、クライアントにも事実確認しつつ結論にもっていくわけです。こんなふうに知らないことを一から勉強するのは大変ですので、ついつい後回しになってしまうことがあります。

同じように英語の契約書を一から作るのも、米国ニューヨーク州の資格があったとしても、ネイティブではない私にとっては、なかなかしんどい仕事ですね。

そもそも私は典型的な左脳派。与えられたものをベースに考えることは得意ですが、クリエイティブなことは少々苦手です。０から１にする作業は、どうしても取り掛かるのが遅くなってしまいます。

だからといって、いつまでも手をつけないわけにはいきません。その原因がわかったら、あとは取り掛かりやすいようにしくみを作ればいいのです。ここでもリストが大いに役立ちます。その際は**「こんなに小さなことまで書くの？」というほど細かく分けて書きます。そして、やりやすいところからやっていく。**自分で自分に最初の一歩を踏み出しやすくしてあげるということです。

たとえば、かなり複雑な英語の契約書を作るときは、このようなリストを作ります。

・クライアントに○○の件について聞く
・以前作った契約書で同様の論点が出てきたものをいくつか探す
・社内のメールで○○について質問する

これらを一つ一つ達成感を得ながら、こなしていけば、はるか遠くにあったゴールもだんだんと近くに見えてくるはずです。

水は冷たそうでも、とりあえず飛び込んでみる

リストを作り「明日からやろう」、そう決めたとします。それでも明日になると、別の案件が入ってしまい、また延ばし延ばしに……そんな経験ありませんか？私はよくあります。ですから、**30分しか時間がなくても、今日の帰り際に少しでもやっておくようにしています。**ちょっとでも手をつけておくと、翌日に続きの作業にすんなりと入れますから。「まとまった時間がないとできない」「静かな環境じゃないとやりづらい」ということもありますが、実はそういった案件でも細かく分けられるところがあり、それを**前日に少しでもやっておくと、翌日に感じる心理的負担が全く違う**のです。

ビジネスでは「川があったら、とにかく飛び込め」とよく言われます。まずは飛び込んでみなければ、その川が深いか浅いか、わからないだろうと。

なかなか手をつけられない仕事は、あれこれ考える前に、まずは手をつけてみ

ましょう。いざ仕事に着手してみたら「そもそも理論的に無理」とか「明日できると思っていたけれど1週間はかかりそう」など、内容やスケジュール上の問題点も見えてきます。とにかく**入り口に入ってみないと、全体が見えないことも多い**のです。

案ずるより産むがやすし。仕事でもプライベートでも、やらなくてはいけないことは、とにかく最初のハードルを低くして、一歩を踏み出しやすい状態にする。1本のメールを送るだけでもいいのです。とにかくスタートダッシュしやすい状態を自分でつくることが、安産の秘訣です。

シンプル時間術10

初めての仕事は余裕を持って、締め切りを少し早めにとる

約束した日より早く仕上げると相手の満足度が高くなる

初めてのクライアントと新しい仕事をさせていただく場合は、見積もりの2、3割増しで締め切りを設定します。

過去の経験を照らし合わせると、作業時間はこれぐらい、とおおよそわかりますが、私はあまり自分のことを信用していませんので（笑）、5日でできそうだとしても、1週間ぐらいはお時間をいただくようにしています。

そうすることで自分に余裕が持てるのはもちろん、たいてい締め切りよりも早くあげられるので、相手にも喜ばれます。そのために、あえて遅めに締め切り設定することもありますが……。

新しい仕事にはワクワク感がありますが、同時に不安感もつきものです。「間に合わないかも」「もしかしたらできないかも」という気持ちを抱きながら、仕事を進めることは他の仕事の集中力にも差し障りますので、**早いうちに仕事の全体像を見通して、不安感をなくすことが大事**です。

具体的には1週間かかる仕事のうち、最初の3日、遅くても4日ぐらいで、7、

8割がたを仕上げます。ここでもリストを細かく作り、なるべくハードルの低い仕事から片づけます。

ただし他の人（特に社外）が絡むことは、先に手をつけたほうがよいでしょう。たとえば契約書を作る場合、必ずあとから情報が足りなくなったり、矛盾しているけれどどうですか、といった問い合わせ事項も出てきたりするからです。これを締め切り前に聞くと「大丈夫かな？ 間に合うのかな？」と思われてしまいますから、まずはクライアントや第三者などの協力が必要な情報を集めることから始めます。それから自分一人でできる作業に入りましょう。

全体像が見えるようになったら、ホッとしていったん手を止める。目安としては人に説明できるぐらいです。

ここまでくれば「あとこれぐらいあればできるかな」「だから今はこれをやっても大丈夫」と安心して他の仕事も進めていけます。リストには不安感をコントロールする役目もあるのです。

締め切りとの関係では、あまり本質的なところにこだわらないようにするという点にも気をつけるようにしています。

前述の南さん（48ページ参照）からも、そもそも目標の完成度が10割なのか8割なのか5割なのかを意識することや、細かいけれど本質ではないところにムダな時間を使っても仕方がないというアドバイスをもらったことがあります。

もちろん、クライアントに提出する書類の細かいところを整えるといった省けない仕事もあるのですが、**結論に差が出るのかどうか、そこが論点になっているのかといった点は意識して進める**ようにしています。

シンプル時間術11

集中力がぐんとアップするコツ！

気が散ったら違う仕事で小さな達成感を獲得

前述した7、8割がたの仕事を済ませるためには、高い〝集中力〟が必要になります。**人の集中力の限界は一般的に90分**といわれますが、私も例外ではなく90分も同じ作業を続けていると、だんだんと気が散ってきます。

同業の弁護士の中にはランチも取らず、朝から中断せずに仕事をする人もいますが、私は9時か10時から仕事を始めたら、やはりお昼ぐらいで休憩するのがいいタイミングと感じています。

このほか、**仕事の内容をちょこちょこ変えるのも、集中力を高めるのに効果的**です。たとえば、ある仕事を続けていて煮詰まったら、全く違う法律、全く違う業界のクライアントの仕事にチェンジする。自宅にいるときは、仕事をやめて料理をしてみる。仕事自体を変えることで頭が切り替わるのです。

新たに手をつけた仕事が30分で終われば、リストがひとつ片づくので、達成感が得られて、少し安心します。精神的に満たされて、また次に進むことができるのです。

場所を替えるのも気分ががらりと変わり、効率がアップします。学生時代に家でやったり図書館でやったりと、場所を替えて勉強した人も多いのではないでしょうか。私も煮詰まったときはスターバックスに行き、甘めのコーヒーを飲みながら、頭と気持ちをリフレッシュさせることはよくあります。糖分補給がやる気スイッチを押してくれるようですね。

それでもどうしても終わらない、そのときはもう1か所に缶詰めになるしかありませんね。**極力、スマートフォンなど集中力を妨げるものは近くに置かない**ようにします。会議を入れない日というのを作って（といっても相手がいる問題なので、理解を得られる環境であることが前提ですが）、そこで集中することもあります。

シンプル時間術12

夫婦の家事&育児分担はタスクリストで見える化

共働きのメリットを伝えて夫に100%の協力を仰ぐ

タスクのリスト化は、仕事だけでなく、プライベートでも威力を発揮します。たとえば、**わが家は共働きなので、家事や育児は完全に分担しなければ回りません。**何をどのように分担するかを決めるために、**まずエクセルで作ったのは、そうした家事や育児におけるタスクリスト**です。

リストには「家事代行の人に連絡をとる」「おふろ上がりに子どもの顔にクリームを塗る」など、かなり細かいことまであげて、一つ一つについて、これは私、これは夫、これは手が空いたほうと役割を分けていきました。

何となくの感覚で分担すると、知らず知らずのうちに、気がついたほう（たいてい私ですが）に負担がかかってしまいます。けれども、このようにきっちりと〝見える化〟することで、それぞれのするべきことがはっきりとわかり、むしろここは分担を逆にしたほうがいい、といった工夫も生まれます。

あまり自覚はありませんが、実は働く女性から「佐藤さんのダンナさんはほんとうに協力的ですね」とよく言われます（笑）。そのあとには必ず「どうすれば夫が動いてくれるようになりますか？」という質問に続きます。

こんなふうに夫との家事分担で悩む妻は多いようですが、もしかするとそういうダンナさんは、奥さんが働くメリットを自覚していないからかもしれません。

ですから**分担の相談をする前に、まずは夫に妻が働くことによるメリットを理解してもらう。**そのメリットとは、わが家なら、ひとつは経済的なことです。二人で働くことで、通勤に便利な都心に住めて、夫も仕事に集中できます。年に何度かは家族で海外旅行もできます。

また夫が育児に関わることで、おむつ替え、着替え、絵本の読み聞かせなど一通りのお世話はできるようになります。子どもは「絵本を読んで」と夫に本を持っていくこともあり、何が何でもお母さんでないと！　ということがなくなります。よく聞くのが、子どもを夫に預けて出かけると「子どもが泣いているけれど、どうしたらいい？」など、途中で夫からSOSの連絡が入るという話です。これだと妻はおちおち出かけられませんよね。そういうことはわが家にはないので、私もいったん外出したら、外の仕事に集中できて助かっています。

シンプル時間術13

将来の目標や夢もリスト化すれば実現に近づく

時には立ち止まり自分会議を開こう

ふだん目先の仕事に追われていると、自分の目指すゴールがどこにあるのかわからなくなってしまいます。ですから、私は**年度末や夏休み、何か大きな案件が終わったあとなど、節目のときには自分だけの時間をつくり、現在の仕事について振り返る時間を設けています。**

自分の机、あるいはカフェのテーブルの上に愛用のモレスキンのノートを広げて、現在のクライアントがどういう経緯できてくださったのか、どういうことが問題になったのか、課題があったとしたら課題はどういうもので、どうすれば解決できたのか……、そういうことをつらつらと書き出します。

間違えても気にせず書けるのが紙のいいところです。せいぜいまっすぐには書くけれど、きれいに書かなきゃ、という気にさせられないのが気に入って、方眼タイプを使っています。

そのうえで、これから自分はどんな仕事をしたいのか、そのために、今何をすればいいのか、というところに落とし込んでいきます。この分野をキャッチアップして、こういう人と会って、そのためにはこういう分野の勉強をして……、と具体的な目標を思いつくままに、どんどんリスト出ししていきます。

リストアップしていくと、自分が何に価値をおいて、何を活かしたくて、どうありたいのか、仕事でどう成功したいのか、家族や周りとの関係はどうなのか、わかるようでわからない自分を知ることができます。

自分の本音を知ることで、切り落とすべき枝葉の部分も、忙しくても忘れてはいけないこともわかるのです。

数年前に書いたノートには「M＆Aの案件をふやす」「社外役員をする」等々が書かれていて、現在はその多くが実現していますから、書くことによる引き寄せの力には驚かされるばかりです。

今も、この分野の業務を伸ばしたい、こういう人たちと仕事がしたいなど、いろいろな希望があります。

その実現の第一歩は、やはりリスト作りでしょうね。

3章

マルチタスクはお手のもの！徹底的に〝同時進行〟

シンプル時間術14

〝〜ながら〟スタイルで、アウトプットをふやす

重いものと軽いものを組み合わせて効率アップ

〝〜しない〟と同じくらい、時短ワザになるのが**同時進行**です。つまり**〝ながらタイムを活用する〟**ということです。言うまでもなく、同時に複数のことをやっていく同時進行の時短効果は絶大です。

今は時効にかかったと信じて告白しますが、高校生の頃から、学校の授業を聞きながら、手元では塾の宿題をしつつ、手を止めて時々漫画を読むといった、いわゆる〝内職〟をしていた私。長じて、そのワザはどんどん磨かれていきました。夫と結婚前に都内でデートをしたときのことです。予約していたレストランの近くに証拠保全の現場があったので、そこに立ち寄ったこともあります。

証拠保全とは、裁判所がそこを訪れて裁判に用いる証拠を押さえるというもの。その現場の下見をデート中にしたというわけです。同業者とはいえ、今思うと理解のある夫に感謝ですね。

また睡眠不足が続き、肩が凝ったときは迷わず、オフィス近くの行きつけのマッサージ店の扉をたたきます。というのは、いくら眠くても、机に20分顔を伏せたところで、なかなか疲れはとれませんから。ならば、1時間マッサージをしてもらいながら、しっかりと寝てしまおうということです。マッサージと仮眠の同時進行で、疲れと眠気はスッキリ。その後の仕事が、効率よく進むことは言うまでもありません。

あまり大きな声では言えませんが、今でも形だけ参加する会議には仕事を持ち込むことがよくあります。現状、残業時間を減らすように指導している会社はふえています。しかし、いくら残業を減らせといわれても、仕事量はそう簡単には変わりません。では、どうしたらいいかと言うと、1時間当たりのアウトプット量をふやすしかありませんが、自分が集中して頑張ってやるには限界があります。ですから、会議のときには仕事を持ち込んで違うことをするしかない。もちろん会議に全く参加しないというのではなく、きちんと聞いていますし、何か尋ねられたら、ちゃんと答えられるという状態ではあります。

ただ100%で臨まなければいけないときと、60%でいいときが多分にあるのが会議です。60％のときには、40％の違うものを用意しておいて、それを同時にする。会議のための会議を減らすことは、なかなかできない状況における苦肉の策なのです。

こうしたマルチタスクは、男性よりも女性のほうが得意な傾向にありますが、重いものと軽いものを組み合わせると男性でもうまくいきます。

たとえばジョギングをしながらBBCニュースを聴く、移動の電車の中でフランス語会話を聞き流す……、周りのビジネスパーソンには、運動中や移動中に語学を勉強している人が多いですね。ニュースアプリのアラーム機能をつけておいて、届いたニュースをながら時間にチェックするという男性もいました。

また**仕事とプライベートを組み合わせる**、その二つのうちの一つをやりたいことにしても同時進行しやすいですね。たとえば、**出張のついでに美術館に行って絵を見る、名古屋に行ったついでに伊勢神宮にお参りする**など。実際、先日シンガポールに出張に行ったときは、仕事の合間に会いたい人に会ったり、食べたいものを食べたりしました。これも立派な、ながら時間の活用です。

シンプル時間術15

移動時間は究極の〝ながらタイム〟です

乗り物に乗るときは
何をするか決めておこう

電車やタクシー、飛行機などでの移動時間は格好の〝ながらタイム〟。**10分、15分の細切れ時間も集めれば、1時間、2時間という大きな時間**です。

そんな貴重な移動時間ですから、どこで何をするかはあらかじめ考えておきたいものです。私の場合、朝の15~20分の通勤電車の中では、TODOリストをブラッシュアップさせるほか、日本経済新聞の電子版を読んだり、フェイスブックでメッセージを送ったりします。

外部から外部への10~15分程度の移動であれば、英語の勉強をします。一、二駅分で完結できる〝TED Talks〟のショートバージョンや〝Googleトーク〟を見る、〝The Japan Times〟の軽めの記事を読む、〝ざっくり英語ニュース！(Study Now)〟や〝バイリンガルニュース〟などのアプリで英会話を聞き流すこともあります。

基本は見る、聞く、読むだけですが、この表記を覚えたいというときはスマートフォンのメモ帳に書き留めます。

タクシーの場合は、簡単なメールなら返せますし、機密事項をしゃべらずに済むなら、電話もできます。タクシー移動のいいところは、疲れた足を休めて体力を温存できるところ。たまにチョコレートを口に放り込み、休憩を兼ねています。

移動が長時間に及ぶ飛行機では「この資料を読もう」と、あらかじめ機内で読む資料を用意し、それまでその資料は放置、飛行機に乗って初めて、ページを開きます。

また**飛行機での移動時間**は、睡眠時間と割り切り、前日は徹夜で詰めて、**乗ったら寝ることもあります**。やはり出張前は、留守中の仕事を進めておかなければいけない分、忙しくなります。出張当日に明け方まで仕事をしたあげくに寝てしまうと、うっかり寝過ごしてしまう恐れもあります。それならば、かえって寝ないで行ったほうが寝過ごすこともなく安全というわけです。

大事なのは、それぞれの移動時間に〝何をするか〟を決めておくこと。有用な〝ながらタイム〟を絶対にムダにしないように気をつけましょう。

ぽっかりと空いた時間を有効利用しよう

また移動時間でなくても、会議が早く終わった、待ち合わせ場所に早く着いた、など1日のうちに30分、1時間とぽっかりと空く時間があります。そういったときも〝何をするか〟考えておかないと、ただネットサーフィンをして終わってしまいます。私の場合は、まずは今日のTODOリストの中から、その時間にフィットする仕事を繰り上げます。たとえば仮に今、30分の時間ができたら、海外の弁護士さんに英語のメールを2通返します。1時間あれば、やりかけの書類作成を済ませるでしょう。

30分ならこれ、1時間ならこれができる、とふだんからそれぞれの仕事にかかる時間を把握しておけば、いざ時間が空いたときに有効活用できるのです。

ぽっかりと空いた時間に一つでも二つでも仕事が片づくと、オフィスに戻ってからの作業が格段に楽になります。不思議ともうけた気持ちにもなりますから、バッグの中には、いつもやりかけの仕事を入れる習慣をつけましょう。

時間を上手に使う人ほど、動線を意識して動いています。複数のことが流れの中で済めば、大きな時短になりますので、これは私も強く自覚しています。

たとえば、都内の2カ所でミーティングをする場合。同じ沿線上にセッティングすれば、ムダなく動けるでしょう。オフィスで席を立つときも、動線に合わせて飲み物の購入、トイレ、資料のピックアップなどを済ませます。

家の中でも同じです。テーブルの食器を片づけるときにゴミもいっしょに持っていく、ハンカチや鍵など外出に必要なものを玄関に置く。狭い家ですので二往復しても大した手間ではありませんが、**いっぺんに物事が片づくと、やはり気持ちもスッキリする**のです。

外出先でも家の中でも、自分がどういう動きをするのかわかっていれば、楽に動線を考えられます。子ども時代は忘れ物の多かった私も、動線の意識づけのおかげで、今は忘れ物もなくなり一石二鳥です。

シンプル時間術16

職住近接で動きを最小化する

住むならどこに行くにもアクセスしやすい場所に

わが家は職場まで電車で20〜30分の距離にあります。子どもの通う保育園もまた、家から職場への動線上にあるので、とても移動がスムーズです。

通常、子どもを保育園に預けるときは親の出勤前に預けますが、そうすると子どもは親よりも長く保育園にいることになります。

つまり親が9時半に始業だとしても預けるのは8時半、18時に仕事が終わっても子どもは19時まで保育園にいなくてはいけない。そういった子どもの負担を考えても、家と職場の間に保育園があったほうが楽なのではないでしょうか。

言うまでもなく家と職場が近いのも、大きな時短になります。

そもそも私は、中学校、高校の頃は自宅から学校まで1時間かけて通っていました。満員電車に揺られるのはつらく、将来は職場に近いところに住みたいとずっと思っていたものでした。現在は念願かなって都心に家を構えています。

都心に住むメリットは、とにかく都内であれば、どこに行くにも近いことです。

電車でも行きやすいですし、タクシーでもたいてい1000円台で行けます。仕事が忙しく、夜遅くなり電車がなくなっても、タクシーでさっと自宅に帰れます。それでも外国で「通勤時間はどれぐらい？」と聞かれて、20～30分と答えると「けっこうかかるね」と言われます。

会社員の場合、職場と同じ沿線に住む人も多いようですが、**もしかすると転職するかもしれませんし、転職しなくてもオフィスが引っ越すこともあります。そう考えると、どこにでもそこそこ行きやすい街中に住んだほうが便利**なのではないかと思うのです。

都心は緑が少ないといわれますが、都心には大きな公園がありますので、意外と緑は豊富です。わが家も休日は緑たっぷりの公園でいやされています。

将来的に引っ越しを考えている人は、勤務先がどうこうではなく、どこに行くにも便利な〝場所〟をぜひ選択肢に入れてはいかがでしょうか。

シンプル時間術17

自分で飲み会を開いて一度に知り合いと会う

私主催の飲み会が思わぬつながりに

時には自分で飲み会を主催してみるのも、**時短テクニック**のひとつです。私も忘年会や暑気払いなど、自分が企画する会を定期的に開催しています。

この自分主催の飲み会を思いついたのは、海外赴任から戻ってきたとき。海外では友人の友人を紹介することがけっこう多く、また日本人コミュニティーが狭いこともあり、日本人であればそれだけでも立派な共通項です。もともとの友人同士にかかわらず集まる機会もありました。

ところが日本に戻ってきてから、友人たちと集まろうとすると、中学・高校・大学とそれぞれの学生時代の仲間、前職の仲間、趣味の仲間と、いくつものグループに分かれていて、それぞれの飲み会に参加していたら、毎週のように飲むことになります。

しかも、なぜか日本人の場合、19時に飲み始めても20時に飲み始めても、終わりは終電です。1回の飲み会につき3〜4時間、それがいったい何回分……!?

これでは時間がいくらあっても足りません。ふとそのことに気がついた私は、ならば**私主催で忘年会や暑気払いを開いて、みんなを招待しよう！　これなら異業種で働く、ふだんはなかなか会えない友人たちといっぺんに会える！**　と試したところ、これが大成功だったのです。

場所は比較的、参加する人の集まりやすいところにセッティングします。店を借り切り、2、3時間の会費制です。お店は、お気に入りにストックしているものから、そのときのメンバーや気分に合わせて選びます。

会に参加する人たちは、それこそ職種も年齢もさまざまですが、もともと知り合いの知り合いという安心感もあって、いつも大盛り上がり。どこもかしこも話が弾んでいます。

その後、ここでの出会いがきっかけで、仕事につながったとか、その後○○さんと出かけたよという報告も。自分の時短のためのアイデアが、結果的に多くの方々の交流の場になったのは、なによりもうれしいことでした。

シンプル時間術18

仕事とは別のコミュニティーを思い切り楽しむ

ふだん出会えない人と関わりあえる刺激的な場

子どもを産んでよかったことのひとつは、〝子育て〟というコミュニティーがふえたことです。子どもがいるというだけで、友人の友人、あるいは友人の後輩など、知らない人同士の集まる機会がふえ、ますます交流の場が広がっています。

子どもが生まれる前までは仕事と家事・育児の両立は難しそう、そのどちらかを犠牲にするしかないのかな？　と思っていました。けれども、実際にこうした場で出会った人たちに話を聞いてみると、どうやら事情が違います。**子育ても100%、仕事も100%で働いている女性はたくさんいます**し、ダンナさんも忙しく出張で留守をしても、生活がうまく回っている人がけっこういます。

大いに刺激を受けました。そして、本書で紹介しているような秘訣も、たくさん教えてもらいました。

こうしたコミュニティーには、いろいろな業種の人が集まりますので、起業をしている方だと仕事の話になることもありますし、日本の大手企業で働いている方なら、業界トレンドや今後の見通しについて話を聞かせていただくこともあります。

「こういうのが業界の常識なのね」と参考になることも多く、本業にしっかりと活かされています。**子どもを遊ばせながら、ちゃっかり情報収集（笑）。これも、しっかりと〝ながら時間〟の活用**になっているのです。

その他、私がよく参加するコミュニティーは、私の母校である一橋大学のOB・OG会の〝如水会〟です。

私は監事としてお手伝いしていますが、著名人の講演会を聴くなど勉強の機会を多くいただいています。いろいろな業界の方が見えるので、私にとっては人脈を広げるチャンス。見聞を広げるために、ここぞとばかりに質問を投げかけて、さまざまなことを教わっています。

如水会で出会った方には、あとから仕事のパートナーを紹介していただいたり、貴重な情報を教えていただいたり。ここで培った人脈貯金が、のちの時短につながっているのだとありがたく感じています。

4章

一人じゃ無理です。仕事も育児も〝シェア〟が基本

シンプル時間術19

一人で抱え込まず周りに応援を頼む

時には若手に頼むことでウインウインに

弁護士は製販分離できません。法人営業チームがいて、財務がいて、法務があって……、という仕事ではないので、得意不得意に応じて分担はしますが、基本的には弁護士がすべてを自分でしなければなりません。

「中小企業の社長さんみたい」と言われることがありますが、ほんとうにその通りです。自分でマネージメントしない限りは何も動かないため、つい何もかも一人で抱え込んでしまいます。

それでも20代の頃なら、徹夜してでも頑張ることができましたが、子どものいる今は、それはなるべく避けたい。無理なスケジュールを組んでしまうと、何かあったらすぐに仕事が回らなくなってしまいます。

では、どうしたらいいのでしょうか。それは仕事をうまく周りに手伝ってもらうことです。


仕事の内容を精査してみますと、私でなくてもできる仕事はけっこうあります。

たとえば、大体の方向性と結論は見えているけれど、その過程をどう整理して、理論的に結論までつなぐか、そこの調査や検討は若手でもできる仕事です。

それらを1年目や2年目の弁護士にしてもらえば、彼らにとっても勉強にもなります。反対にそれを私がしてしまうと、彼らの成長の機会を奪ってしまうともいえるわけです。若手にできることは若手に任せて、私はチェックに専念します。任せている間により複雑な仕事をするとか、トップ営業に行くとか、12年目らしい私にしかできない仕事に注力できるわけです。

この仕事が新聞に載るような案件だということや、クライアントの反応や声を伝えることで、より積極的に頑張ってもらえるのではないでしょうか。

ただし、手伝ってもらう場合、説明にも時間がかかりますので、緊急性が高く、なおかつそれほど時間がかからないことなら、自分でしたほうが早いでしょう。クレーム対応も自分が責任を持って対処すべきでしょうね。

周りに**サポートをお願いするときは、仕事の難易度と緊急性から考えて決めていくといい**でしょう。

お願いするときは〝ゆっくり〟〝オープン〟に

周りに仕事を手伝ってもらうときは、ゴールまでの道筋に必要な要素を集めてもらうことが多いのですが、このときの自分の頭の中では、すでにゴールまでの流れを把握済み。頭の中では物事がフル回転で進んでいて、流れもかなり早くなっています。こちらがそうした流れにのっている状態のまま別の人に仕事を頼むと、頼まれたほうは流れについていけません。ですから、こちらは相手の動きをキャッチアップして、主体的に取り組んでもらえるように、なるべくゆっくりと話す。質問があれば質問もしてもらい、できるだけオープンな雰囲気をつくることが大事です。

特に私はもともと早口です。急いでいるときほど早口になりがちなので、ゆっくりと理論的に、あるいは時系列で、何か相手が予測可能性を持って聞いてくれるような言い方をするように気をつけています。

去年より今年、今年より来年を常に目指す

弁護士は生涯現役というイメージがありますが、意外に選手生命が短いのです。1年目は新人ですが、5年目ぐらいになるとだいたい一通りできるようになります。10年を過ぎると中堅弁護士の仲間入り。知識と経験のバランスがよくなってきて、一般的には50代がピークでしょうか。年齢を重ねると法律の改正についていくのもしんどくなります。顧問先がオーナー企業の場合、代替わりの際には顧問弁護士も若手に変えられてしまうこともあります。だからこそ、年齢とともに仕事のレベルも上げていかないといけないのです。

ベテラン弁護士に求められるのは、豊富な知識と経験、それに裏打ちされた大所高所からのアドバイス。経営的な視点も当然必要でしょう。私自身、これからさらにいろいろな案件に取り組んでいきたいですし、いずれは自分の専門知識を公益的な活動に還元していきたい、そう思っています。去年より今年、今年より来年というステップは、まずは一人で抱え込まないことから始まるのです。

これまでは平日に仕事が間に合わなければ、週末をつぶして完成させることもできましたが、子育て中の今は家族との時間を削ることは避けたい。とはいえ、やはり時には無理をしてでも頑張らなければいけないときがあります。

過去に自分が成長したなと感じるのは、無理をして頑張ったときでした。以前、クライアント企業の内紛で、社長派と会長派に分かれて争い、我々弁護士は3週間ぐらい、なかなか家に帰れないという日が続きました。そのときはつらいと感じましたが、そういう修羅場を経験して度胸がついたことは確かです。高い集中力を発揮して事態を収拾させた、その知識や技術は今も生きているのです。

どんなに大変な仕事でも、やはり私は逃げないで取り組みたい。そのためには週末でも、子どもを安心して預けられる場所を確保しておく。子育て中とはいえ、私は私でやるべきことに集中できる環境をあらかじめつくっておくことが必要だと常々感じています。

シンプル時間術20

信頼できるパートナーを見つける

各分野のプロを味方につければ鬼に金棒

一口に弁護士と言っても、専門分野はさまざまに分かれ、各事務所、各個人で得意分野が異なります。

私が得意としているのは、M&Aや資金調達、クロスボーダー取引などの企業間取引に関する業務です。けれどもクライアントからのご質問内容は多岐にわたります。全く専門外であれば、責任を持って私が信頼できる弁護士をご紹介しますが、対応可能なものであればお引き受けします。そんなときに頼りになるのが、その分野を得意とするパートナーの存在です。

アベノミクス直前だったと思いますが、顧問先からこんな相談を受けました。問題社員がいるので、解雇したいけれど、どうしたらいいか。こういったケースの場合、口頭で注意するところから始め、それでも直らなければいちばん軽い懲戒処分と、だんだんに重くしていきます。そこまでなら比較的簡単です。

日本は問題社員を解雇しづらい社会です。簡単に「おまえはくびだ！　明日から来なくていい」ということはできません。この先、どういった方針をとって進めていくのか迷うところです。そこで、親しくしている労働専門の弁護士にも案件に入ってもらうことにしました。労働法専門の弁護士には、会社側に立って仕事をしている弁護士、逆に労働者側に立って仕事をしている弁護士の二通りがいて、ここでは会社側に立って多くの案件を解決してきた弁護士に加わってもらいました。私だけでも最終的な解決、落としどころというのは予想可能です。とはいえ、複雑なケース、紛糾したケースを含む豊富な経験・ノウハウを有する弁護士からの意見は貴重なものでした。

こうした意見も参考にしながら、クライアントに説明したところ、双方が最も望む形でおさまりました。全く違う立場から語れるパートナーがいたからこそ、私も適切にアドバイスできたのです。

こんなふうに、弁護士は自分の得意でないところは、社内外のパートナー（弁護士以外の専門家なこともあります）に頼って業務を行うことがあります。専門外の仕事を融通し合う利点は、弁護士の世界に限ったことではないでしょう。

シンプル時間術21

疎遠になっている人こそ積極的にコミュニケーション

〝仕事がしやすい〟と思ってもらえる人になるために

ふだんの仕事は、案件の規模に応じて最少で1、2人、大きくて10人程度のチームで動きます。同じチームでよく仕事をしていれば、仕事を通じて交流があるわけですから、人柄もそれなりにお互い分かります。

法律事務所の場合は、大企業のようにしっかりとした部署や、カンパニー制といった組織づくりがなされているわけではないので、案件によっては隣の部署ぐらいなら一緒に仕事をすることがよくあります。そのときに活きてくるのが、常日頃からの社内でのコミュニケーションです。

ふだんから言葉を交わし、互いの様子を知っていれば、いざ一緒にチームを組んだときに「この人たちなら、仕事がしやすい」と安心感を得ることができて、その後の仕事も滞りなく進んでいきます。

ですから、私は社内で**「最近、話していないな」という人がいたら、積極的にコミュニケーションをとる**ようにしています。

時間を見つけてお茶をしたり、ランチに誘ったり。エレベーターの中で会ったら、あいさつだけでなく「夏休みはどうでしたか？」「最近、何か変わったことはありませんか？」など、簡単な質問を投げかけて会話に持っていきます。**ちょっとしたスモールトークをするだけでも、あとあと違ってくる**のです。出張に出かけたときは、お土産を買ってきて、それを同じフロアの人たちに配ることもあります。

ふだんから常に全体に目を配り、くまなくコミュニケーションをはかっておく。それが今現在だけでなく、この先の仕事をスムーズにし結果、時短仕事につながるのです。

シンプル時間術22

育児は一人でも多くのサポーターをふやす

共働き育児は会社勤めのようなもの!?

〝一人で抱え込まない〟のは、仕事だけでなく育児も同じです。

私にとって育児は優先順位が高く、時短術も子どもとの時間をたっぷりと持ちたいがためのもの。子どもはまだ小さいので、抱っこして話しかけたり、一緒に絵本を見たり、1日のどこかで肌のぬくもりを感じさせる、ふれあいの時間は持ちたいと思っています。

子どもは1歳ですから病気にかかることも多く、保育園から「熱が38度あるので、迎えに来てください」と呼び出されることもあります。登園直前に熱が出て、預けられなくなったことも一度や二度ではありません。病気のときぐらい一緒にいてあげたいのですが、急に会議を抜け出すわけにもいきませんし、先方との約束を突然にキャンセルするわけにはいきません。繰り返すようですが、やはり私がいなくても、子どもの面倒を見てもらえる環境を整えておかなければいけないのです。

私は共働きで育児をするというのは、本業とは別に、もうひとつの会社に勤めるようなものだと思っています。**社長は子ども。かわいいけれど、なかなか意思の疎通がはかれない、ある意味ワンマン社長です**（笑）。

基本的に正社員は、夫と妻の二人だけ。場合によっては一人しかいない場合もありますが、いずれにしても一人や二人では仕事は回りません。24時間365日頑張って働きますが、そうすると、それ以外のことはなかなかできなくなります。

では、どうすればいいかというと、パートタイマーを雇うわけです。とりあえず双方のおじいちゃん、おばあちゃんにお願いする。幸い私の実家は自宅から歩いて15分ぐらい、夫の実家も1時間程度のところにありますので、急な事態にも比較的、対応してもらいやすい状況ではあります。しかし年齢が年齢なので、体力的に限界があります。

ですので、さらに外注を考えます。その外注先も保育園やベビーシッターなど個人、法人といろいろあります。

今の保育園を選んだいちばんの理由は、急な延長に対応してもらえるなど時間の融通がきくことです。やりとりもすべてメールでできるので、連絡事項はすきま時間にチェックできて楽です。日中過ごす子どもの様子は、WEBカメラで確認できて安心です。

ベビーシッターも、急に頼める近所の方とおつき合いさせていただいています。メインで使っているベビーシッターのマッチングサービスは〝キッズライン〟や〝スマートシッター〟など。お願いする前に面接するシステムがありますので、そこで話して安心できる方にお願いしています。

ベビーシッターサービスは近年、安くなっていて、1000円ぐらいから利用できます。産後しばらくは家で仕事をしていましたので「ちょっとこの3時間は集中したい」というふうにお願いしていたこともあります。

そんなふうに、正社員プラス、パートタイマー、外注で、社長の機嫌を損ねないように、どうにかこの家という会社を動かしていくわけです。

とにかく共働き夫婦が、夫婦だけで育児をするのは難しいでしょう。シェアしなければ、どちらも仕事をすることは厳しいところです。

一部上場企業の執行役員であり、二男一女の母でもある私の友人に、仕事と育児の両立のコツを尋ねたところ、**「とにかく人の手を借りること」**と断言していました。彼女自身、子どもの習い事の送り迎えなどはすべて実家のご両親やシッターさんに頼んで、助けてもらっているそうです。

ただ彼女の場合、執行役員という立場なので忙しいとはいえ、自分の時間をマネージメントできる立場にあります。そういうことが無意識にあって、今の職場を選んだのかもしれないと言っていたのが印象的でした。

たとえば営業職であれば、成果を出せば遅くまで職場にいる必要はありません。むしろワーキングマザーにとっては働きやすい環境かもしれません。ですから、子育てしながら仕事も続けたいという人は、そういった自分の時間をコントロールできる職種を選ぶということも念頭に置いておくとよいのではないでしょうか。

出産前は「育児も仕事も両立するのは難しい」と心配していた私ですが、実際に出産してみると、育児で得られたことは本当にたくさんあり、両立生活も意義があるものだと感じています。

その一つは、**自分の時間がなくなったことの裏返しで「効率的に時間を使うことをより意識できるようになったこと**でしょう。こうした時短を考えられるようになったのも、子どもを育てているからこそといえるかもしれません。

また、子どもを通じて新たなコミュニティーができたことも、育児で得られたことです。〝子どもがいる〟という共通キーワードで、新たに人と知り合う機会がふえて、結果的に交流の幅が広がったことは大きな喜びになっています。

あとは単純に、子どもの成長の過程を見るのは楽しい。最初は寝ているだけだったのに、だんだんと手足を動かすようになって、立ち上がって歩くようになって。最近は知恵がついてきて、話しかけたら反応し、どんどんコミュニケーションがとれるようになってきました。毎日の時間を大切にして、子どもの成長の瞬間も見逃さないようにしたいですね。

シンプル時間術23

スケジュールはスマホのアプリでシェア

予定やイベントは夫や秘書と共有する

日曜日の夜か月曜日の朝は、今週は何をするか、どういう予定になっているか、など1週間の予定をチェックします。

そうすることで、だいたい「この日はこの件をメインでやって、この日はこの件を」と決まってくるため、「この日は日中社内にいて打ち合わせもない」という風に、何かあったときの予備日を作ることもできます。

子どもの保育園の送迎についても、伝えもれや勘違いがあると困りますので「月曜日は夫」「火曜日は私」と、このときに夫婦で最終確認を行います。二人ともお迎えに行けない日は、両親かベビーシッターにお願いすることになりますので、その手配もここまでに済ませるようにしています。

現在、**スケジュールは、すべてスマートフォンの「Staccal（スタッカル）」という有料アプリが見やすいので、これをメインに管理しています。**Googleカレンダー、Facebookイベント等々、それぞれのアプリケーションからの予定がデフォルトで色分けされているのも便利です。

かつては手帳派でしたが、まず子どもが生まれてから、夫とのスケジュール調整をどうしようかということになり、**Googleカレンダーで共有する**ことになりました。しかし、スケジュール共有は夫とだけでなく、他のメンバーとのすり合わせのために秘書としておくことも必要です。

仕事の予定は、主にOutlookの予定表で管理し、秘書や他のメンバーと共有していますが、これをスマートフォンからチェックするのは、現在の私の職場のシステム環境ではちょっと面倒なので、今のところ、外部のカレンダーに必要に応じて転送しています。

ただしスマホ管理は、同期に時間がかかる、書き漏れが起きる、といったデメリットもありますから、周りのワーキングママたちの間では、まだまだ手帳と併用している人が多いですね。今はまだそれほどでもありませんが、これから子どもの予定も入ってくれば、また見直しが必要だろうと思います。

アプリもどんどん進化していますので、これと決めずにいろいろなものに積極的にトライしていきたいですね。

5章

絶対に外せない！〝人とのおつき合い〟は金の時間

シンプル時間術24

情報収集はネットよりもやはり人

しっかりと時間を割いて一次情報をゲット

弁護士や社外役員として、さまざまな業界の方とおつき合いのある私は、それぞれの業界の常識やトレンドをおさえておくことが求められます。

もちろん知らなくて当然ではありますが、その業界の課題を知っていることで「この人はわかってくれているんだ」と思われることも多くあります。「これぐらいは知っているだろう」と、言われなくても心の中で期待されているところもあるので、情報を仕入れる作業は、ふだんから怠らないようにしています。

情報収集には、インターネットや新聞、雑誌も使いますが、その精度については疑ってかかることもあります。かつて自分が関与した案件が新聞に出ていたときに、それが間違えていたということもありましたから。

こうした二次情報は参考程度にとどめて、100%うのみにしません。**やはりいちばん確かなのは〝人〟の話**です。

ですから、勉強会やセミナー、会合、飲み会……、専門家が集まる、ここぞという機会には足を運んで、**自分の興味のあることや知りたいことは自分の耳で、しっかりと聞きます。**

聞くばかりでなく、こちらからも何かしら情報提供ができるように心がけています。会話のキャッチボールの中に、相手にも役に立つような情報を入れることで、相手からも信頼が得られ、ますます会話が盛り上がるでしょう。

といっても、相手がスゴイ人でこちらから情報提供なんて……、という場面もあるかもしれません。自分に、この分野なら負けない！　というものがあれば（たとえば、私ならまずは法律分野でしょうか）、その分野に立った切り口を話してみるというのも一つでしょう。または、何か教えてほしいと思う理由があるわけですよね。その点に相手が知らない情報があるかもしれませんし、ひょっとしたら**相手にとって次のビジネスチャンスにつながる情報**があるかもしれません。

〝時短〟といっても、何でもかんでも時間をカットするのではなく、割くべきときにはしっかり割くのが私流。人とのおつき合いは、その最たるものです。こうした**交流の時間を確保**するために、他の時間を削っているといってもいいほどです。

シンプル時間術25

自分の仕事を一言で言えるようにしておく

10分で自分のことをアピールするには？

大勢の人が集まる会合や飲み会は、情報収集だけでなく、自分を売り込む絶好のチャンスです。その昔、弁護士という仕事は、椅子に座って待っていれば、それなりに依頼が来ていました。弁護士大増員時代を迎え、価格破壊も起きています。また人数がふえたわりに、ニーズをまだまだ喚起し切れていないのが実情で、マーケットも拡大していません（たとえば、弁護士の業務の柱の一つである、訴訟についていえば、民事・行政訴訟〈各地方裁判所新受件数〉は10年前より40％程度減っています）。

このように著しい競争社会となっている弁護士業界ですから、常に相手方のニーズを見ながら、私はこれができる、こんなことがしたい、と自分から発信していかなければならないと肝に銘じています。

自分から発信する第一歩は、自分の仕事を一言で言えるようにすることでしょう。私であれば「〇〇事務所でクロスボーダー取引をしてきた」ということでしょうか。

たとえば、初対面の人と10分、話をする時間があるとします。そのときに、**自**

分のことをある程度、アピールできないと何の印象も残らないまま、お互いの時間がムダになります。相手のことも聞きながら、ぜひ自分のプロフィールもさりげなくしかも、わかりやすく伝えましょう。

これは、何も取引先の方とお話しするといった仕事の場面だけではなく、プライベートの場面でも有効でしょう。場合によっては、相手の興味やニーズに合わせて言葉を選ぶと、より相手の心にささるでしょうね。このときの言葉がこの先、あなたを思い起こさせるキャッチフレーズになるのです。

将来転職するかもしれないと考えている人はぜひ、いまの自分にはどんなスキルがあって、どんな価値観を持っているかということを、一言で言えるようにしておきましょう。自己PRと言うと、抵抗感を感じる人も多いかもしれませんが、最近はリアルな場だけでなく、フェイスブックやツイッター、ブログといったSNSで、自分を発信する機会もふえています。**臆せず、自分の強みを公開**していきましょう。

リアルな場以外でもどんどん発信していこう

私の場合、**フェイスブックはプライベート、ツイッターは仕事、ブログは法律ネタ、と使い分けています**。ブログで書いた記事をフェイスブックでシェアし、それが仕事につながったこともあります。

最近SNSのほか、「yenta」などビジネスに特化したマッチングアプリで、自分のキャリアを発信するケースもふえています。「yenta」での出会いが実際に仕事に結びついたというケースは最近、よく聞きます。私の友人でベンチャー企業の社長複数人からは、主に採用目的で登録していると聞きました。ですから会った際に「あなたの会社に入りたいんです」と直接、アピールすることもできます。

他には、大企業で新規事業開発を担当している友人も活用していると話していました。新規事業や事業提携につながるような面白いビジネスに出合えるようアンテナを張っているそうです。新しいアプリに詳しいのは断然、若者です。私も時々、周りの若い子に聞いて、アプリの新陳代謝をはかっています。

自己アピールの重要性は、社外だけでなく、社内にもいえます。

「頑張っていれば、誰かが気づいてくれる」と信じて耐え忍ぶのは美徳かもしれませんが、いわゆる〝気づいてちゃん〟になっては困りますよね。小学校の卒業文集にも「将来は英語を使って仕事がしたい」と書いた私です。当時の法律事務所で、海外ロースクール留学の機会が知らされたときには迷わず手を挙げました。夢かない、ロサンゼルスの大学院に通い、米国ニューヨーク州の資格を取得したことは、のちのキャリアアップにつながる大きな経験になりました。

今でも**社内で自分のやりたいことがあれば、どんどん自分から手を挙げています。**常日頃から「ぜひ、こういうのがあったら入れてください」「こういうことが得意です」と言うようにしています。とはいえ、社内で調和を乱すようなアピールは逆効果です。好感を持ってもらいながら、周りと融和するやり方が、結局はよい成果に結びつくように思えます。

シンプル時間術26

誘われたら面倒がらずに一度は行ってみる

自己アピールのチャンスはどこにあるかわからない！

仕事柄、さまざまな勉強会や会合、パーティーにお誘いいただく機会があります。このとき私は、よほどのことがなければ、一度は行くことにしています。時間がないから、と断ることは簡単ですが、そこは面倒を押して出ていく。一見、関係なさそうな業種や職種に関するものでも、自分の知らない話を聞くことができるからです。

弁護士の世界は、非常に狭い世界です。いろいろな業界の方とお仕事でご一緒する機会があるものの、あくまでも外部のアドバイザーですし、**自分で経験できることには限りがあります**。自分が経験できないことは人に聞くか、本を読むしかありません。誘っていただいたイベントで、「知らない」と堂々と言って「これはどういうことですか？」と聞けるのは、とても貴重な機会です。それが、のちのち仕事に活きてくることは少なくありません。

しかも、誘ってくださったということは、質問に対してそれなりにウエルカムなのでは？　と勝手に解釈して遠慮せずに聞いています（笑）。

また、そこには、多かれ少なかれ、何かしらよい出会いがあるものです。自己アピールの機会は、どこにあるかわからないので、やはりふだんから自分のできること、したいことを自分なりに整理しておくとよいでしょうね。

そして、もしこうした場で**〝この人〟と思う人に出会ったら、ぜひそのときに次に会う約束を取りつけてしまいましょう。**

「今度、ごはんでも」「また飲みに行きましょう」など、相手が社交辞令で言っているような場合でも、こちらが絶対にまた会いたいと思ったらこちらから一歩、踏み出して「いつ空いていますか？　早速ですけれど……」とスケジュール帳を開いてしまいましょう。そこまでしないと、やはりチャンスを逃してしまいますよ。

シンプル時間術27

誰にあいさつしたらよいか主催者に尋ねてみよう

ワンランク上の出会いのチャンスをつかむワザ

何かの交流会やパーティー、飲み会などに呼ばれて参加したとき、人数が多いと、2時間そこにいても数人としか話せなかった、久しぶりに会いたい人がいたのに、名刺交換の列ができていて話せなかった、あるいはあの人と話したかったのに入り口で別の人につかまってしまった……、ということがよくあります。そんなときに**時短で、出会いのチャンスをつかむコツ**があります。

それは最初に、主催者の方に頼んで、〝この方〟という人を紹介してもらうこと。自分のことを知っている主催者の方に、気の合いそうな人や仕事につながりそうな人を選別してもらうのです。

会が始まったら、なるべく早く主催者の方に「今日、ごあいさつしたほうがいいのはどなたでしょうか？」と聞いてみましょう。そうして主催者の方を通して、すぐに**ピンポイントで〝この人〟に出会えれば、もうそれで帰ってもOK**です。これなら20時台か21時台に家に到着できます。まさに時短の出会い術です。

もちろん会の最後までいれば、それなりの収穫があるかもしれませんが、家では家族が待っていますし、明日は明日でまた仕事があります。なるべく早く帰るに越したことはありません。主催者の方には後日、どうなったかをご報告すれば、失礼にはあたらないでしょう。

わざわざその会に足を運ぶのは、主催者やお世話になっている方にごあいさつしたり、仕事に必要な情報を得たりするためです。食事をしに行くわけではありません。**「何のためにその会に行くのか」ということを、いつも頭においておかないと、ただ楽しいからと時間はダラダラと流れていくだけ**です。

貴重なチャンスを逃さず、時間をムダにしないためにも、主催者の方のフィルタリングを通した〝この人〟を確実に紹介してもらいましょう。

シンプル時間術28

初対面の人との会話も必ず盛り上がる3つのテクニック

「楽しかった」以上の印象を残すために

大勢が集まる初めての場で、初対面の方と話すときは、誰でも緊張するもの。私もそうです。何を話そうかな、と話のとっかかりに悩みます。

私の会話の基本はさしずめ、こんな感じです。

①共通点を探す
②自分のことを話す
③相手の話をふくらませる

①は、お互いがいちばん入りやすい話題です。同じ大学であればゼミ、学部、サークルなどの話。名刺交換してB to Cの著名な会社であれば「私は〇〇をよく使わせていただいています」とか、クライアントに同じ業界の人がいたら「私もこの業界で〇〇に関する仕事をしたことがあります」と話を深めていきます。

最近は金融業界など、合併・統合を経験している会社が多いので「どちらのご出身ですか?」と、その人の経歴をさかのぼると意外と共通点が見つかります。

出身地や趣味の話でもよいでしょう。私は父の仕事の関係で、子どもの頃に福岡や広島に住んでいたことがありますので、そうした地域ネタを話題にあげてみることもあります。実際、カープファンに遭遇することもけっこうあります。

ゴルフも鉄板ネタです。ゴルフというのは、だんだんと上達するものではなく、蓄積したものがある日突然伸びるという類いのスポーツ。ですから、そのブレイクスルーのポイント、たとえばスクールや合宿に行ったのか、筋トレを始めたのか、誰かプロについたのか、そういったことを聞くと話が盛り上がります。

年配の人とは共通の話題がないと思っている人は、ゴルフや囲碁など、あえて渋めの趣味を持ってみるのもよいでしょうね。

②は自分の話ばかりをするということではなく、自分の情報をある程度、開示するということです。

特にプライベートな話は、年齢が近ければ「うちは小さい子がいるので」とか「子どもがいて、朝型になったんですよね」と、あえて自分で子どもがいることを言ってしまうことがあります。家族のことはどこまで聞いていいのか難しいもの。男性よりも女性のほうが気を使わせるので、場合によっては「このへんかな」というところまで自分で言ってしまいます。

③は相手の話を聞いたうえで、質問してみるということです。

先日、懇親会でお会いした方との会話です。健康関係のサイトを立ち上げているというので、私は「広告収入のほかに、どういうところから収入があるのですか？」とビジネスのフローについてお尋ねしました。

いきなりお金の話!? と思われるかもしれませんが、最初にあえて聞くこともあります。お金と、物・サービスの流れはやはり外からはわかりません。どんな個人／法人に、何を売っている会社なのか、その流れがイメージできれば、相手の仕事に関しては全体像が見えてくるので話がしやすくなります。

大切なのは「話して楽しい」以上の印象を相手に与えること。そうすれば何かのときに思い出してもらえる〝また会いたい〟人になれるのではないでしょうか。

シンプル時間術29

お礼と報告は早いほどいい

遅くなるほど手間がふえると知っておいて

ごちそうになった、誰かを紹介していただいたなど、何かお世話になったときには必ずお礼を伝えます。伝え方はメールやハガキなどケースバイケースですが、いずれにしても早いに越したことはありません。

たとえば食事をごちそうになった場合、その日の夜のうちにメールでお礼を伝えるなら「今日はありがとうございました」など5行程度で済むでしょう。これが翌日になると「昨日はありがとうございました」に続いて、食事の内容やそのときの会話など、もっと中身を書かなければいけなくなります。

さらに日が経ってしまうと、今度はメールだと失礼です。お礼状を手書きで用意するとなると、ハガキを出してきて、時候のあいさつから始めて、間違えたら書き直して……、とひと仕事になります。

お礼をどんどん先延ばしにすると、物理的に仕事がふえるだけでなく、気持ちまでいつまでもスッキリしないので他の仕事にも響いてきます。相手に対して、失礼になるのは言うまでもありません。

また誰かを紹介していただいたり、何かアドバイスを受けたりしたときは、必ずその結果報告も迅速にしたいもの。連絡をしないというのが、いちばんよくありません。

というのは、私自身「ちょっと相談したいんですけれども」と困った様子で連絡してくる人の法律相談にのり、その場は「ありがとうございます。○○してみて、またご連絡します」と言われたものの、そのあと何も音沙汰がないという出来事があったからです。

連絡がないと「あれはどうなったのかな？」「うまくいかなかったのかな？」と、こちらも心配になります。やはり、結果がよくても悪くても、どうなったかフィードバックは欲しいですね。

それを反面教師にして、私は**結果がどうあれ、間に入ってくださった方には必ず報告する**ようにしています。そのときも、やはりなるべく早めにメールやフェイスブックのメッセージ、チャットでも、伝えたほうがいいでしょうね。

6章

教えます！時短をきわめた私の仕事術

シンプル時間術30

口の軽い人を味方にして情報源にしてしてしまう

自然な〃根回し〃で仕事の流れにのる

初めてお取引する場合、その会社あるいは組織の要となる人を知っておくだけで、仕事の流れが一気に早まります。

要《かなめ》となる人とは、決定権を握っている人。社長とは限りません。単刀直入に聞いても、当然ながら誰からもきちんと答えてもらえないので、こちらはいろいろな方向から情報を集めながら、少しずつ探っていきます。使える時間に制約のある身としては、たばこを吸う男性が喫煙所で得られる情報や、二次会や三次会の最後に出てくるような話にはリーチできません。

そこで頼りになるのが、その会社の〝情報通の人〟です。

どこの組織にも「この人とこの人は仲が悪い」とか「この人に話すならこの人にも話しておいたほうがいいよ」と、社内の様子を教えてくれる親切な人というか口の軽い人がいます（笑）。ですから、そういった人と、ちょっと親しくなれそうなタイミングに「初めてでよくわからないのですが、こういうことはどなたにお聞きすればいいですか？」と聞いてみる。そうすると「そういうことはこの人」と教えてくれます。何度か会ううちに、いろいろなことを話してもらえる可能性があります。

ひょっとしたら私が女性なので警戒心が持たれにくいのかもしれません。いずれにしても、こういった情報通の人をおさえながら、**キーマンに話をしていくと、比較的、短時間でも〝根回し〟のようなことができます。**

根回しというと言葉があまりよくありませんが、日本の会社は、やはり一部の人を中心に回っていることが多いのは事実です。それをある程度尊重していくことで、かえって話が早くなるのです。

会議の前に、そういった中心人物と示し合わせができていれば、会議のときにいきなり「私はこう思います」と発言してもシーンとなることはありません。

実は以前、私も会議で突然に発言したことでシーンとなり、「どうしよう」と思った経験があるのです。ですから、とにかくキーマンをおさえて会議の前に意思を通わせておく、そうすれば、会議自体を時間短縮できるはずです。

前もって準備しておけば結果的に時短に

こちらのサービスをご紹介するために会いに行く場合は、先方もわざわざ時間をとってくださっているので、しっかりと事前準備をしていきます。まずは面倒でも、お会いする人について、名前を検索し、フェイスブックやツイッターで情報公開されていないかチェックします。また役員の方の場合は、会社の有価証券報告書などを読み、ご本人の経歴に加え、事業内容やそのリスクなどを確認し、こちらのサービスを取り入れる余地まで考えながら読み込んで臨みます。

そんなふうに**事前にしっかりと予習しておけば**、いざお会いしたときに、こちらの**伝えるべきことがすんなり伝わり、お互いのニーズが合致しやすくなります。**

クライアントとのミーティングのときにも下準備は肝心。事前に資料をお送りいただいていれば、しっかりと目を通しておきます。こちらが伝えたいことでわかりにくい点は、事前に資料をまとめてお送りしておきます。あらかじめ読んでおいてもらえれば、当日は簡単な質疑応答だけで済むのです。

シンプル時間術31

焦っているときほど焦りを見せないようにする

余裕がないときほど明るく、ゆっくり

若手弁護士だった頃のこと。当時はリーマンショック前でありがたいことに大変忙しく、お昼もろくに食べられずに深夜まで続けて仕事をするという、毎日が続いていました。

気持ちはいつも焦っており、話すときもいつも早口。経験も浅く、自分に余裕がありませんでした。今思えば、周りにも「この人、大丈夫かな」と受け取られていたように思えます。

その後、アメリカに留学し、いったん仕事を中断しました。自分の仕事を客観的に見られたのがよかったのでしょうか。帰国して仕事を再開してからは後輩弁護士に「以前に比べると余裕がある感じに見える」と言われました。

やはり以前の私の姿は、後輩の目には焦っていたように映っていたようですね。

それからは、**焦っているときほど焦りを見せないように気をつけています**。そのためには**〝明るく、ゆっくりと〟しゃべることがポイント**です。

急ぎの仕事であっても、周りにお願いするときは明るく、ゆっくり。仕事柄、切羽詰まって深夜に連絡してこられる人もおられますが、そういう人に対しても、明るく、ゆっくりと答えます。

仕事をしていると、クライアントや相手方、社内の専門分野の人など、いろいろな人と関わることになりますので、時に驚くような回答や想定外の反応を受けることもあります。しかし、そこで一喜一憂していては仕事が進みません。

ですから、そういった**感情的になりそうなときは、まずは自席で深呼吸**。鼻から吸って口から吐き出す腹式呼吸で、自分を落ち着かせます。時間にすると1、2分ぐらいでしょうか。深くゆっくりと呼吸をしているうちに、だんだんとリラックスしていくのがわかります。

明るく、ゆっくりと話そうと意図していると、実際にそうなっていくもの。焦らないようにすることで、焦らなくなります。

そうすると、**相手の方も「この人なら解決してくれる」と安心してくださる**でしょうね。

シンプル時間術32

ムダ話もムダじゃない！核心に迫る会話とは？

雑談は情報の宝庫であり
コミュニケーションの潤滑油

クライアントからご相談を受けたとき、1時間当たりいくらとタイムチャージで請求させていただくことがよくあります。

そのため、クライアントの中には時間を気にされて、お会いするやいなや「早速ですけれど」と始めて、終わったら「では」と即座に帰っていかれる方もおられます。

けれども、私はあえて、本題に入る前にそれなりの世間話や「○○は△△を買収しましたね」といった業界の話、「先週、ハワイに行くとおっしゃっていましたが、いかがでしたか?」といったプライベートな話をもちかけて、雑談から入ります。というのも、**こうしたムダに思える話でコミュニケーションを円滑にしておくと、案件自体もスムーズに進むことが多い**からです。

たとえば「Aという困ったことがあるのですが、どうしたらいいでしょうか?」と聞かれたとします。こちらは法的に解決するBという方法をご提案しますが、そもそも原因はAだけではないということが、他の周辺情報を聞いていくにつれて初めてわかることが多いのです。しかも、そのA以外の原因は、クライアント自身も気づいておられないことがよくあります。そういったクライアントの潜在意識に眠る情報を引き出すのに有効なのが、ムダ話や雑談なのです。それがわかれば、Aに対してBという答えで終わるよりも、最終的によりよい解決に持っていけます。

雑談にかける時間は、最初と最後の5分程度です。最初はある程度、こちらで話をリードして、本題に入る前に切るようにしています。最後にまたするのは、仕事の話で終わるとドライな感じになってしまうから。ムダ話で終わると、次につながる余韻を残せるのです。まずは相手の方がリラックスして、ムダ話できるような雰囲気をこちらが演出することも大切だと思っています。

シンプル時間術33

相手に特別感を持たせる話し方のコツ

大切に思う気持ちを言葉や態度で伝える

ムダ話の効用はまだあります。

人は誰でも自分は〝特別に扱われている〟と思いたいものです。この気持ちに年齢も性別も関係ありません。

ですから、たとえばムダ話の中でクライアントから「ゴルフに行く」とお聞きしたら、次にお会いしたときに「先日のゴルフは、いかがでしたか？　雨が降ったんじゃないですか？」と話題にしてみます。そうすると「そんなことまで覚えてくれていたんだ」と、相手は特別感を感じて喜んでくださいます。このとき、話の種は小さければ小さいほど相手の心に響くようです。

「〇〇のお菓子が好き」と聞いたら、次に「お好きでしたよね」と、そのお菓子を用意しておくのもいいかもしれません。**相手の興味のあることや得意なこと、好きなことを、さりげなく聞いて、しっかりと覚えておくのがポイント**です。

私が長年おつき合いしている美容師さんは数カ月ぶりに行っても、まるで昨日会ったかのように前回の会話の続きが始まります。

おそらく前回、終わった後に私のカルテに、そのときに話した内容を記録していたのでしょう。それを今回、事前に目を通していた。

つくづくプロの接客業だなと思います。会社員なら、カルテとまではいかなくても、**相手の名刺にちょっとした情報をメモしておくだけでも、次に会ったときの会話の始まり方が違う**のではないでしょうか。


やはり人は自分のことや自分の会社のことを理解してくれて、大切に思ってくれる人を大切にします。相手を特別に扱うからこそ、あなたもまた相手から大切にされるのです。

言葉や態度、ちょっとした気遣いでそれを伝えることはできますので、いつも心がけておきたいものですね。

シンプル時間術34

メールは極力早く返すのがマナーです

早ければ早いほど相手も自分も助かる

1日に何通ものメールのやりとりがあります。

「急ぎで返事が欲しい」というご要望も多いので、こちらは朝起きたときから、会議と会議の間、移動中、夜寝る前まで、1日じゅうメールをチェックすることになります。

このときに気をつけているのは、**できる限り早く返信**することです。

質問や依頼に対して5分で返せるなら、その場で返します。返答に1時間かかるなら、いまの仕事を片づけてから1時間後にとりかかり、2時間後に返す。これが許容範囲でしょう。もし1日かかるならその場で返信して、とりあえず受信した旨を相手に伝えましょう。1日経って初めて「確認します」とメールを返信したら、相手は「えっ、もう確認してくれているんじゃないの？　回答が来たのかと思ったのに……」ということになりますよね。

実は以前、勤めていた事務所で「メールは早く返すように」と注意を受けたことがあります。作業を終えてからメールを返信すればいいと思っていたのですが、やはりクライアントは、ちゃんとメールを読んでくれているかどうか心配している。**「確認してご連絡します」あるいは「本日、のちほどお知らせします」と一言、伝えておく**だけで、相手の方もいったんボールを受け止めてくれたんだと安心するのだと。

確かにその通りです。送ったメールに何も返事がなければ、投げたボールがどこに飛んだのかわからず不安になりますよね。

「明日には連絡します」と、すぐに返信しておけば、その方が社内で「あの件はどうなったか？」と聞かれても、「今、佐藤さんに頼んでいて、明日連絡が来るそうです」と言うことができるわけです。それ以来、この即返信ルールは自分の中で徹底しています。

また、こちらも早く返信することで、翌日に「返信が遅くなりまして申し訳ありません」と、冒頭に余計な一言を加える手間がかかりません。

シンプル時間術35

メールはあえてフォーマット化しない

相手の書き方に合わせて書くのが基本

「平素より～」という書き出しに始まり、名乗り、本文、「ご高配賜りますよう～」と結ぶ、こんなふうにメールをあらかじめフォーマット化している人は多く、その時短効果も高いようです。確かに書き方を決めておけば、悩まずに早く書けるでしょうが、私はあえてそうしません。

というのは、私の場合、ただ一方的に要件を伝えるだけではなく、ご質問したり、情報をいただいたりすることが多いため、**メールは〝相手の方に合わせて〟書いたほうがいい**からです。

たとえば要件のみのあっさりとしたメールにはあっさりと返しますし、文面が丁寧な書き方なら、やはり丁寧に返さないと失礼です。細かく聞かれたら、細かく返す。つまるところメールは、キャッチボールなのです。

また、**こちらからの質問に答えていただきたい場合は、質問を（1）（2）（3）と箇条書きにして、お送りします。こうすると、相手の方も答えやすく、こちらが聞き漏らすこともありません。**

こんなふうに社外のメールは相手の方に合わせるのが基本ですが、社内のメンバーや1日に何度もやりとりするような相手とは、**メールよりもLINEなどのチャットのほうが便利**です。

「平素より～」という前置きなしで、いきなり本題に入れるので時短になりますし、〝既読〟がつくので、相手がメッセージを読んだかどうかも確認できて互いに安心。相手の立場や、やりとりの頻度で使い分けていくのが今どきのメール術なのかもしれません。

しかし、やはりメールよりは電話、電話よりは直接会うことが大切です。

あとあとスムーズにメールでやりとりをするためにも、今後、おつき合いの続く方には早い段階で会っておくことをおすすめします。

シンプル時間術36

さりげなく時間をコントロールする3つのテクニック

ズルイ時間術でちょっとした時間の余白をつくる

これはちょっとズルイ方法かもしれませんが、時間をコントロールする、とっておきの秘策を3つお教えしましょう。

まず**一つ目は、メールを送るタイミング。**いただいたメールには、なるべく早くお返事するのが基本ですが、そこをあえて少しずらして、朝方や昼前など相手が動いていない時間帯に送っておきます。

そうすると相手が動き出したときに「メールをもらいっぱなしで悪いな。早く返事をしなくちゃ」ということになります。

先にこちらが相手にボールを投げて、流れをコントロールする。こちらは少し時間が稼げて、その間に別の仕事を進められるわけです。

朝方にメールを送って「弁護士さんって、すごい時間に仕事をしているんですね」と言われたことがあるのですが、実は飲みに行ったあとに送っていることも……（笑）。これが時間をコントロールする一つ目のズルイ時間術。

二つ目は、締め切りを遅めに設定するという方法。これは1章でもお話ししましたが、5日でできるなと思っても「1週間はみてください」と伝えて、締め切りを先に設定するというもの。

締め切りは1週間先の月曜日に設けますが、提出は実際の見積もり通りの5日目の土曜日。そうすると「予定よりも早く仕上げてもらえた」「すごい優先してもらえたんだな」と、相手の方には大変喜ばれます。

もちろん相手の想定を超えるほどの時間を取るのは考えものですが、予備時間と考えれば、こちらも余裕を持って仕事ができますから、そうズルイことでもないかなと思います。

実際にやってみると、意外に難しくて、いっぱいいっぱいだったということもありますから。これがバッファをとって、ちょっとした時間を作り出す二つ目の方法です。

三つ目は、食事で時間をコントロールする方法です。

クライアントとミーティングを兼ねて食事をする場合、こちらがアレンジするときは、さりげなく場所や料理で、ミーティング時間を決めてしまいます。

たとえば、たっぷりと時間をとって話したい場合はフルコース、1～2時間でさっと終わりたいなら、ランチにするか、ディナーの場合でもプリフィクスか品数少なめのアラカルトの店など、食事にかかる時間に応じた店を選ぶことで、時間の主導権を握ることができます。そのためには、ふだんから使い勝手のいい店を、いくつかストックしておくとよいでしょうね。

しかし、もしも私がフルコースに呼ばれたら、これは何か大変なことを頼まれるのではないかと、ちょっと身構えそうな気がしますが……。

7章

言いたいことがすっと届く、とっておきの伝え方

シンプル時間術37

結論から話して、あいまいさを残さない

根拠を明確に示せば突っ込みどころはなくなる!

進捗《しんちょく》状況を報告する、こちらから頼みたいことがあるなど、クライアントや社内の上司や部下に、何か伝えたいことがある場合、その〝伝え方〟には注意を払います。その際に大切なことは3つあります。

一つ目は〝結論から話す〟ということ。

弁護士1年目の頃のことです。

ある案件を担当し、当時の上司に報告したときのこと。あれも言わなきゃこれも言わなきゃと、いろいろな法律の情報を集めて、しかも相談にのってほしいことまで、すべて伝えたら「何が言いたいのかわからない」とぴしゃり。

いろいろな材料があっても、自分なりに要点をまとめた上で、結論から伝えるように、と叱られました。

それはそうですよね。私のために、上司は貴重な時間を割いてくれているわけですから、私のほうで話の要件をまとめてから報告するのは、今にして思えば当然のことです。それ以来、とにかく報告は結論から、と心がけています。

二つ目に注意していることは〝あいまいに言わない〟ということです。

特に法律の話だと、私がクライアントに分かりづらい不明確な言い方で伝えたり、どうにでも受け取れる解釈の余地を残したりしてしまうと、あとあと大事故につながる恐れがあります。取引先と紛争になったり、監督官庁から指導が入るといった責任問題に発生する可能性も出てくるでしょう。

また「そうかもしれません」と推論の言い方もよくありませんし、例外があるにもかかわらず「絶対に大丈夫です」と断定するのもこわい。語尾にはとても気を使います。原則として、推論も断定もNGですが、一定の信頼関係のある人との間なら「そうかもしれません」もOKの場合がありますから、そこが法律の話の難しいところです。それでも、なるべく丁寧に説明することであいまいさは避けるようにしています。

三つ目の注意点は〝根拠を示す〟ことです。弁護士の話し方としては「私はこう思います」と言ったときに、必ずその根拠を聞かれるからです。

根拠というのは、法律の条文や専門書、裁判例などから見つけることになりますが、それらがないケースもあります。そうすると、推論して「こういうケースが近いのでこうなります」と伝えることになります。

根拠がないと、どうしてもあいまいな言い方になってしまいます。根拠があれば、あいまいにならない。

だからこそ、弁護士の話し方には結論と根拠、時にはそれぞれの根拠をつなぐ推論という合理的な理論が必要なのです。

反対にいえば、根拠をきちんと示せば、指摘したくなる部分がないわけですから、話も端的に済むのです。話が長くなりそうだなというときは、事前にわかりやすい資料を読んでいただき、口頭で補足説明しています。

年配の人にはゆっくり、若い人には早口で

法律の知識は人によって差がありますので、伝えるときはなるべくゆっくり、時には切って「ここまででご質問はありませんか?」と理解を確認しながら進めます。特に年配の方と話すときは、ゆっくりと話すように心がけています。

というのは、マネジメント層や管理職など、実際に手足を動かしていない人は、話に入るまでに時間がかかるからです。**ゆっくりと丁寧に話すと「この人に任せれば解決してもらえる」と相手の方に安心してもらえる**のがわかります。急いで話を切り上げても、相手には「親身になってくれなかった」という印象を残すだけでしょう。

一方、若い人にはテンポよく、早口でOK。ノリがいいほうが受けることが多いですね。腕組みをして「うーん」と聞かれると、自分の言っていることが間違っているのではないかと近寄りがたい印象を与えてしまいます。掛け合いがあると、話しやすいと思ってもらえるようですね。

シンプル時間術38

論理的な話と感情的な話を切り分ける

時には表情を変えて相手の気持ちに寄り添う

先にもお伝えしたように弁護士というのは、論理的に話す、筋道立てて話す、結論から話す、という話し方がよしとされますが、それをいつもやっていると、ひたすら冷たい人になってしまいます。

いくら法律の話といっても、論理一辺倒ではなく、中には共感できる話もあります。本筋の論理的な話と、その周辺の感情的な話はきっちりと分けて、感情的な話の場合は、私としてはどう思うかという反応を入れて、あまり味気なくならないように気をつけています。

特に「～は請求できません」「これはダメです」という否定的な結論になってしまうときほど注意が必要です。**弁護士は相手の立場で一緒に怒って、一緒に泣いて、という気持ちでやっていかないと、相手の方が納得する結論にもっていけない**のです。たとえば、企業買収案件、M&Aの際、弁護士は相手企業について調査します。しかし、そのときに残業代未払いや薬機法違反といった業法違反などの問題が出てくることがあります。

そうした場合、その事実は論理的に淡々と伝えますが、一方で「ああ、それはひどいですね」などと共感するべきところは共感するようにしています。

共感するときには、なるべく表情豊かにします。困ったときには困った顔、悲しいときには悲しい顔、そういった表情をあえて出すことで、クライアントにも納得感を持って話を聞いてもらえるように思えます。

シンプル時間術39

いきなり法律の話はNG！相手の発想に沿って話す

クライアントにとってベストな回答は何？

以前ある知的財産関係の訴訟を担当したのですが、残念ながら第一審である東京地裁で敗訴してしまいました。その後、控訴することになりました。控訴に際して、どのような主張をしていくかについてクライアント先の社長、担当役員と法務部の方とで会議をすることになりました。

そのときにクライアントが、まず知りたいことは、次にどうすればいいのか、どうすれば勝ち目はあるのか、ということでしょう。つまり、どのような手続きが想定され、それをどういうスケジュールでやっていくか、それぞれのメリット・デメリットは？　そういうことが知りたいわけです。ところが、レジュメを用意してきた後輩弁護士は、いきなり冒頭から現判決の問題点を分析し始めました。

導入もなく、いきなり法律の話を始めてしまったため、その場にいた社長や役員の方々は若干戸惑い気味。もちろん現状の問題点の把握も必要ですが、順番としては今後どうするかという大枠を示してから話すべきでした。この後輩弁護士は目線を相手に合わせて話をすることを忘れていたわけです。

これは必ずしも仕事の話ではありませんが、そういう世代だからか（笑）、同世代の友人から離婚相談を受けることもあります。

離婚だと民法で夫婦の離婚原因が定められています。弁護士としては、1つ目はこれ、2つ目はこれ、と順序立てて話をしていきたいところですが、友人が知りたいのは、必ずしもそういった法律的なことではありません。

離婚原因になるほどひどい行為なのか、損害賠償（慰謝料）の相場はどれくらいなのか、最初は何をすればいいのか教えてもほしいといったことだったりします。実は何がしたいかも分かっていない人もけっこういるので、そこから話を整理するのも弁護士の大事な仕事といえるでしょう。交通整理をした上で、私の信頼している離婚に強い弁護士を紹介することにしています。

重要なのは相手を立て、相手と一緒に考えるという姿勢です。**ダメだとしても真心を持って代替案を考える。**いわゆるファンの多い人気弁護士は、相手への共感能力が高く、人間力にすぐれた人です。これは弁護士だけに限ったことではないのではないでしょうね。

シンプル時間術40

相手は誰を見て仕事をしているのかを知る

クライアントの視点の先まで見つめる

相手のことを思い、できるだけそれを尊重するというのは、あらゆる仕事で共通しているところがあるのではないでしょうか。しかし、その相手が〝誰か〟ということを、つい見落としてしまうことがあります。

たとえば1年目の弁護士なら、仕事の報告は上司の弁護士になります。その上司は誰を見ているかというと、当然クライアントです。

さらにその先の方が登場することもあります。たとえばクライアントに広告関係の会社がいるとしたら、クライアントはその広告主を見て仕事をしています。ですから、我々弁護士はその広告主のことまで念頭におかないといけません。

先日もクライアントがそのクライアントである会社と一緒に作った資料を検討していたところ、いくつか法的な観点から問題点が出てきました。誤解を招きそうな言い方があり、このままでは進めないという状況でした。

「こうすれば法律的にOKですよ」「必要があれば、我々からも○○社さんに説明しますよ」などと、お伝えしながらクライアントと一緒になって代替案を考えたところ、最終的に丸くおさまり、クライアントからは大変感謝されました。クライアントの立場で考えることが重要であると改めて感じました。

目の前の仕事にとらわれていると、つい目の前の人しか見えなくなってしまいます。けれども、クライアントのクライアントは誰なのか、上司の上司は誰なのか場面はいろいろですが、**いちばん重要な人は、はるか遠くにいることがけっこうあります。**

どれだけ、そこに思いをはせることができるか、それが真心で仕事のできる一流の人とそうでない人の違いのような気がします。

シンプル時間術41

相手の期待に応えて話を締めくくる

自分らしさを出すことがプラスに働く

仕事上の会議であれ、プライベートの会合であれ、最後は必ず相手の期待に応えて話を締めくくるように心がけています。

どういうことかというと、やはり女性であれば、明るい、やさしい、というのを少なからず期待している人がいます。

米ラトガース大学のラドマン教授らのジェンダーについての調査結果でも、女性にあると望ましいと思われる性質として、特に〝やさしい（Warmheart）〟〝気遣いがある（Sensitive to others）〟〝明るく元気（Cheerful）〟などが挙げられています（同教授らの〝Status incongruity and backlash effects: Defending the gender hierarchy motivates prejudice against female leaders〟〈Journal of Experimental Social Psychology　１６８頁・Elsevier Inc.・２０１１年〉）。

その当否については、もちろん議論がありますが、最後はそういった女性らしさを出して、相手に共感したり、ねぎらったりして、話を終えると非常にホッとしてもらえるということです。

自分がどう見られているか、というのは相手によって異なります。

たとえば、相手が目上の男性であれば、私はまだまだ若い女性に見られますので……、明るくハキハキと応対することを期待されます。また女性に対して、やさしいイメージを持っている人も多いでしょうから、そこも崩さないようにしています。

年下の男性の場合は「頑張ってね」と励ますように、あえて先輩風を吹かせて、上から話したほうが互いに落ち着くでしょう。

相手が描いているイメージを、あえてこちらから気軽に出して、相手の期待に応える。そうすると「佐藤さんはこういう人」と相手から信頼感が得られて、その後も安心しておつき合いしていただけます。

ワンランクアップの伝え方をマスターしたいなら、話し方だけでなく、相手に与える印象まで考えることができるとよいのではないでしょうか。

シンプル時間術42

プレゼンやセミナーの前は何度も練習する

シミュレーションを繰り返し準備は入念に

私はもともと話すのが得意ではありません。それでもクライアントの前でプレゼンすることもありますし、最近はセミナー講師として呼ばれて人前で話すこともふえました。

弁護士の場合、ずっと机に向かい勉強してきて、人とあまり話す機会が得られないまま弁護士になってしまいます。

法律事務所に入っても、大手企業のように研修プログラムがあるケースのほうが少ないので、結局、自分で勉強して、自己流でやることになります。

私の場合、プレゼンの場合は、**人前で話すときは緊張するので、とにかく事前にたくさん練習をします**。プレゼンの場合は、実際のシチュエーションを想定しながら、自分が説明するパートの資料は音読します。

セミナーなら、事前に家族や社内の人に観客になってもらい、練習します。そうすると「早口でわかりづらい」とか「こういう言い方よりもこっちのほうがいい」など、きたんのないフィードバックが得られます。見てくれる人がいなければば、自分で録音してもよいでしょうね。

セミナーは最初と最後で印象が決まるので、忙しくても最初と最後はしっかりと練習します。最初の3分であいさつプラスその日のちょっとしたトピックスを話す。また最後の3分も締めくくりの言葉で終わります。

本番のときは、うなずくなどして自分に共感している人に視線を合わせて話すといいといわれますが、まさにその通りです。社内のコンプライアンス研修のようなものであれば、事前に担当者に話を振ってもかまわない人を聞いておくこともあります。こうすれば、こちらも安心して進められます。

いずれにしても準備不足だと緊張して息苦しくなってしまいます。緊張すると伝わるものも伝わりません。とにかくしっかりと準備します。そして場数を踏むということではないでしょうか。

シンプル時間術43

一流の仕事人は、みんな聞き上手！

相手の本心を見極めながら傾聴する

クライアントから話を聞くときは周辺情報も拾えるようにリラックスできる状況をつくること、また相手の気持ちに合わせて表情豊かに聞くことが大切、とお話ししました。〝聞き上手〟であることは、弁護士に必要な資質のひとつです。

クライアントは我々弁護士に、何か聞いてほしいことがあって、お話しされているわけですから、こちらは **〝本質はどこにあるのか〟ということを探りながら、お聞きしていきます。** このときは、なるべく口を挟まず、ある程度、聞くことに徹します。

話を聞きながら、主語が省略されすぎてわかりづらいときは、ある程度聞き返したり、ホワイトボードに図を描いたりすることはあります。

もっとも時には、こちらが主導しながら聞いたほうが、相手も話しやすい、というケースがありますから、そういったときは、こちらから誘導するような形で話していただきます。その場合は時系列に沿って、相手の方が何をしたいのか、重要なことは何か、そのプライオリティをしっかりと確認しながら聞いていくように心がけています。それでも、最後はもう一度、相手に主導権を渡して、わっとしゃべっていただく。そうすると相手の方は「しっかりと聞いてもらえた」と満足して帰っていかれます。

そうしたコミュニケーションを続けていると、一を聞いたときに「あっ、もう一つか二つありませんか？」と、漏れている点を指摘することができるようになります。

そうすると「そういえば……」と、見落としている、話し忘れている情報が出てくる可能性も高くなります。

クライアントとの継続的なリレーションシップというのは、こうしたやりとりの繰り返しによって、そのノウハウが蓄積されるのではないかなと思っています。

8章

忙しくても〝しくみ化〟で、勉強法の効率アップ！

シンプル時間術44

大人の勉強は〝生〟の話を聞くのがいちばん

プラスだけでなくマイナスの情報もおさえる

中国経済が減速すれば、日本もアメリカもアジア諸国も影響を受ける。また世界各地で起こっている出来事によって国だけでなく、そして我々一人ひとりも影響を受ける……。これは法律の世界も同じです。日本の弁護士だからといって、日本の法律だけを、そしてそもそも法律だけを知っていればいいというものではありません。

私自身、海外の法律を含めた広範な勉強が必要になってきています。

ふだん勉強するときは、まずは新聞や本、インターネットなどで情報を集めます。そして、専門家やそれに詳しい人の話を聞いて分析していきます。

毎日の通勤電車では日本経済新聞電子版をチェックしますが、そのときは自分の業務とどう関係してくるのかということを考えながら読み、疑問点があれば、オフィスに着いてからネットで調べて知識を深めます。海外進出の話なら、実際にそこに行っている人に、そこの状況を教えてもらいます。

専門家の話は勉強会で聞くことが多いですね。つい先日も〝マイナス金利政策の行方〟をテーマにしたエコノミストの方のお話を聞きに行きました。
いまひとつ不明確だった部分が、霧が晴れるようにすっきりと理解できたのは、やはり専門家の方の系統立った解説のおかげでしょうね。専門家の方々の話を聞くことは、仕事の勉強においていちばん効率がよいと実感しました。

また生の話がいいのは、プラスのことだけでなく、マイナスのこともちゃんと含まれているからです。ですから、**自分で情報を集める際も、**プラスの情報だけでなく、**マイナスの情報も集めるように努めています。**

〝PRESIDENT（プレジデント）〟〝日経ビジネス〟〝東洋経済〟といったビジネスに関する記事に加えて、裏情報に詳しい〝FACTA〟や、切り口がユニークな〝市況かぶ全力2階建〟など、ネガティブ情報も含まれるメディアは情報収集に役立っていますね。それらを真に受けるかどうかはともかく、そういう情報にもさらっと触れておく。「こうやって書かれていたよね」というのを知っているだけで、話の奥行きが変わってくるのです。

シンプル時間術45

勉強計画は1週間単位で考える

予定をゆるやかに組んでモチベーションをキープ

資格試験や英語などの勉強をしている人も多いでしょう。私も最近は外資系クライアントへの対応で、英語を使う機会がふえたため、週に一度は英会話スクールに通い、英語を勉強しなおしています。

忙しい社会人にとって問題なのは、勉強時間を確保することです。日々の仕事に押し流されて、「今日もできなかった」という経験は、誰にでもあるはずでしょう。そこで、おすすめなのは、勉強計画を1週間単位で立てること。大きめのスケジュール表に、月曜日はテキストの何ページから何ページまで、水曜日はスピーキング、土曜日は英会話スクールに行くから授業の復習だけする……、と週の初めに、1週間の予定を箇条書きにしています。

1日の勉強時間は1時間半程度。「今日は忙しいから」とか「夜は飲みに行く」というときには、昼休みや空き時間を使って進めます。

ポイントはなるべく**無理のない予定を組む**こと。平日に追いつけなければ土日にキャッチアップしますが、それができなければ、先週書いたものを再度翌週にも書かなければいけない。これではダメだった自分がつらくて、モチベーションダウンの原因になります。だからこそ、**1週間で必ずできるようにゆるく予定を組む**ことです。

仮に勉強時間を1時間半取れる場合でも、勉強は1時間、30分は予備時間と考えるとよいでしょう。仮にノルマが早く終わったら、理解の甘い部分の見直しなど復習の時間にあてましょう。

何といっても**大人の勉強で重要なのは、モチベーションをキープすること**です。モチベーションがいちばん高いのは、それを始めたとき。あとはだんだんと落ちていくので、そこをどう上げていくか。そのしくみを自分なりに作る必要があります。たとえば〝やる気スイッチ〟を押してくれる(できれば、押し続けてくれる)塾に行くのもいいでしょうし、ここまでできたら自分にご褒美するというのもいいでしょう。それができたら「自分はスゴイ!」と感じられるしくみを、ぜひ見つけてください。

シンプル時間術46

これで資格試験は軽々とパスできる！

試験の内容によって作戦を変えるのがカギ

大学卒業後、司法試験合格を目指し、4年間勉強しました。

日本の司法試験は範囲が膨大で、その理解には多くの時間を要します。私が受験生の頃の合格率は2％台後半。しかも試験は年に1回しかない。周りは社会人になったばかりで、忙しくも楽しそうにやっている中、自分は浪人生として司法試験の予備校に通って勉強をしている。自分で選んだ道だけど、受からなかったらどうしよう……、そんな不安と闘いながら勉強を続けるのは、精神的にもほんとうにきついものでした。

そうしたプレッシャーを感じながらも、4回目の司法試験でなんとか合格。2005年に弁護士登録をしました。その6年後、今度は米国ニューヨーク州の司法試験にトライすることに。仕事をする中で、日本の法律とアメリカの法律の違いに戸惑うことが多く、かねて英米法を学ぶ必要性を感じていたからです。

アメリカでは、肺がんで死亡した人の遺族がたばこ会社を訴えて、2兆円を超える損害賠償が認められたケースがありました。これを懲罰的損害賠償といいます。日本では考えられないですよね？　ここまでではなくても、アメリカに本社のある社内弁護士から、日本の法律ではありえないような意味不明な質問をされたこともありました（アメリカの法律を学んだ今であれば、なぜそのような質問をしたのかわかりますが……）。

ところが、いざアメリカの大学院で司法試験のための勉強を始めてみると、日本とは全く違います。科目数が多く、範囲は非常に広い。でも合格率は日本の司法試験よりはるかに高い。ロースクール卒業の2カ月後に追加の期末試験のような感覚で、司法試験を受けることになりました。

日本と米国ニューヨーク州、どちらの司法試験も受けてみてわかったことは、試験によって作戦を変える必要があるということです。日本の試験は事案の高い分析力、読解力、論理的思考力が求められますが、論文式試験では六法全書を持ち込むことができました。一方、アメリカは持ち込み禁止。とにかく暗記して臨むしかありませんでした。

そこで中には過去、一問も出題されていない科目もあったため、そういったものは思い切って捨てるという選択もできました。このアメリカの司法試験の作戦は、日本の資格試験でも使えるのではないでしょうか。

　こうした**試験の勉強方法は、教科書を1ページ目から読むのではなく、いきなり問題集や過去問に当たり、まずは問題を解くのがポイント**です。問題のレベルを知ってから、解答を読み、インプットしていくという手順が最も効率がよいのです。私はどちらかというと完璧主義で、教科書も1ページ目からきちんと読みたいほうですが、やはりこの方法だと読み切れないで終わってしまいます。

勉強に使う教科書やテキストは、一冊にまとめましょう。

　その一冊に、必要な情報を全部書き込んでしまいます。スペースがないときは紙を貼るなどして、とにかく一元化すること。最後はこれだけを見ればいいように仕上げます。バインダーを一冊用意して、そこにどんどんプリントを挟み、自作のノートを作ってもよいでしょう。私はそのテキストのいちばん重要な部分には赤ペンで線を引き、書き込みは注意を引くといわれる青ペン、なかなか覚えられないところは黄色の蛍光マーカーで印をつけました。テスト前日・当日はマーカーで印をつけた部分だけ拾って、見直せばいいのです。

シンプル時間術47

仕事に使える英語力を本気で身につける

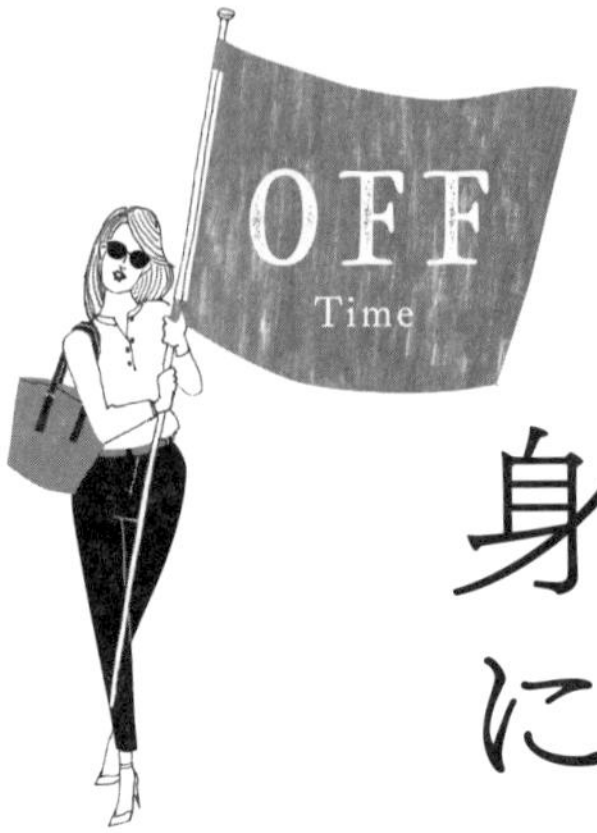

アウトプットのチャンスをふやすのが近道！

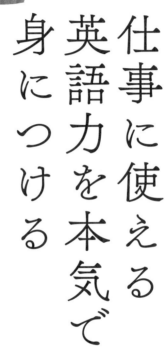

海外拠点とのやりとりが必要、社内に外国人がいる、英語が公用語になったなど、日本語で完結する場面が少なくなり、英語の勉強の必要性をひしと感じているのは私だけではないでしょう。

特に外資系の場合、仕事ができるけれど英語に対して苦手意識があるという人は、もう少し英語を頑張ったほうがいいと思います。なぜかというと、英語ができるだけで、仕事ができると評価されることも多く、いざ人員整理となったときにも生き残れるからです。

さて、英語を勉強しているというと「どうやって勉強するのが、いちばん効率的ですか?」という質問を数多く受けます。

英語上達の近道は、まずはアウトプットをふやすことに尽きます。とにかく話す機会を少しでも多く持つということです。

私の英語力は、というと、日本人の典型で読むのと書くのは得意、でも聞くのと話すのは同じぐらい苦手という感じでした。

そんな私が、いちばん力が伸びたように感じたのは、アメリカに住んでいたときです。現地で英会話を習っていました。レッスンでは、ひたすら私が答えられそうな分野の質問を受けて、それにしゃべって答えるということを繰り返していました。具体的に言うと、どんな仕事をしているのか、日本では女性が活躍するのが難しいのか、といった真面目な話から、日本ではクリスマスに何をするの？といったくだけた話まで、あらゆる質問に対して、日本語で話せるのと同じレベルの英語で答えるという方法です。

ですから、**英会話スクールも「これについて話したい」とトピックを相談できるマンツーマンの形のようなところがいい**でしょうね。

電話のとり方はこうです、オフィスではこう話します、とテキストに書いてあることをなぞっても実際の仕事には活かせません。まずは自分が出合いそうなシチュエーションに備えるということです。

日本の文化や2020年の東京オリンピックなど、仕事以外にも想定しうる会話を自分なりに英語でまとめておき、外国人と話す機会があるときに「私はこう思うけれど、あなたはどう思う？」と話すだけでも勉強になるでしょう。とりあえず機会をふやしたいなら、フィリピン人とスカイプで英会話ができる〝レアジョブ〟もおすすめです。

今、私が通っている英会話スクールは、会計士をしている友人から紹介を受けた〝Spark Dojo（スパーク道場）〟というスクールです。ネイティブの先生1人に対して、生徒は3人。授業の内容はディスカッションが中心です。自分の仕事の内容を5〜7分で話す、興味がある記事を読んでそれに関する意見を話し、他のメンバーの意見を引き出し、まとめていくなど、そもそも自分に興味のあるテーマや、自分が近い将来話すかもしれないテーマが中心なので、実際の場面で使える内容になっています。

スクールに通い始めて半年ほどですが、先日のミーティングでは、しっかりと仕切れてひと安心でした。以前は聞き取れないと焦って余裕を失っていた場面でも、今は聞き取れなくてももう一回言ってみて、と動じずに対応できるようになりました。

それでも英語でワッと言われて、聞き取れなかったことは、それがなぜ聞けなかったのか分析します。

単語がわからないからか、方言や慣れないアクセントなのか、それ以外だからか……、それにやはり地学や美術、歴史など知らない分野のことが出てくるとわからない。

日本語で言われてもわからないことは、当然、英語で言われてもわからないのです。そういったことを自分なりに分析し、ネットで調べるなどして知識を蓄えるとだんだんと力がついていきます。

ふだんは英会話スクールの宿題のほか、〝TED Talks〟や英会話のアプリなどを電車の中で聞き流しています。家では、記憶を定着させるためにブツブツと声を出して勉強します。

これからは確実に、日本だけでなく海外でビジネスをする機会がふえる流れになっています。私たち日本人が長年、積み重ねてきた英語の能力を、ここで一気に引き上げたいものですね。

シンプル時間術48

セミナーは濃淡をつけて聞く

すでに知っている話は聞き流してOK

業務に関係ありそうなセミナーや講演会などによく参加することは、すでにお話ししました。

ただし、セミナーや講演会に参加すると、1時間や2時間、それなりに時間をとられますので〝何のため〟に行くのか、その目的を明白にしておく必要があります。

つまり自分だけがわかればいいのか、何かメモして帰って部内で共有しなければならないのか、それらをはっきりさせること。そうすれば、**1時間のセミナーの中にも、聞くべき部分とそうでない部分があることがわかります。**

中には、すでに知っていることや全く関係ないことも含まれています。私の場合、法律の改正があったときのセミナーであれば、改正部分だけをおさえればいい。またM&A関連のセミナーで、特定の国や地域の特殊性などの話がありますが、これも知っていることがそれなりに出てきますから、聞くべきところは自分の仕事に関係する部分だけと割り切って聞いています。

ですから、自分にとって必要のない部分は聞かずに、手元で別の作業をする〝ながら聞き〟で全くOK。メールの返事を返したり、社内で回る情報共有のための資料を斜め読みしたり、簡単にできる仕事をしています。濃淡をつけて聞けばよいのです。

自宅でネット動画や講義DVDを見るときも同じようにします。

全体像の話はもう知っている、聞かなければいけないところはここ、ということが往々にしてありますので、倍速で聞きつつ、場合によっては違うことをやりながら、そこに来たらしっかりと聞く。

英語の場合、150%の速度で聞いていると、通常版がゆっくりに感じて、時短だけでなく英会話の勉強にもなります。

仕事のための勉強は、学校の勉強とは違います。すべてを真面目にこなす必要はありません。自分なりに理解できれば、よしとしましょう。

シンプル時間術49

成功談は目標を達成するためのヒントの宝庫

体験者の〝生〟の声を聞かせてもらう

いろいろな勉強方法のコツをお伝えしてきましたが、最後の仕上げとして必ず実践してほしいのが、自分が目標にしている試験に受かった、英語のスコアをクリアしたなど、実際に成功した人の体験談を聞くことです。

私が司法試験を受けるときも、大学の先輩やゼミの先生に紹介していただいた人に会いに行き、日々の勉強方法をはじめ、試験のときの時間配分や試験に対する心がまえなど、参考になるアドバイスをたくさんいただきました。また今の仕事についてお聞きすることで、モチベーションアップにもつながりました。

米国ニューヨーク州の司法試験を受けるときに、時差に気をつけたほうがいいということを知ったのも先輩方のアドバイスのおかげ。こういう生の情報こそ、実際に体験した人でなければわからないものです。

とはいえ、目標達成までの道のりは個人差がありますので、その人と全く同じ方法で頑張っても、自分にはフィットしないケースがあります。
進めているうちに、この方法は自分には合わないなと感じたら、柔軟に変えていくことも必要になってくるでしょう。

こうした**先駆者たちからアドバイスを受けるためには、やはりふだんからのネットワークが重要**です。自分は今こういう勉強をしていて、実際に受かった人の話を聞きたい、ということを周りに吹聴しておくとともに、**そうした人に出会ったときにはチャンスを逃さない**ようにしましょう。
また自分が晴れて合格したときは、自分の体験を出し惜しみなく、シェアすることも忘れないでおきたいですね。

シンプル時間術50

速攻で読める！私の読書術を披露します

本のエッセンスだけが残るメリハリ読み

将来の勉強のため、あるいは仕事の必要性に迫られて、本を手にとることは多いものです。最後に私の読書術をご紹介しましょう。

まず手軽に読めるビジネス書や自己啓発本の場合、導入部分の序章と各章のタイトルはゆっくりと読みます。エピソードや詳細部分はざっと斜め読みし、今後使えそうなエッセンスがあれば抜き取ってメモしておきます。

マネジメントやコンテンツマーケティングなど、仕事に関連する専門書は、自分の理解が間違えていないかどうか確認するために、丹念に読み進めます。疑問に思ったところは付箋で印をつけて、あとから他の本やインターネットで調べます。

弁護士が書いた法律書は、仕事の資料として使うことが多いため、見出しをチェックして、自分の仕事に関連するところだけから深く読み込みます。法律書は辞書的に使うことが多いですね。

こんなふうに本の性質や読む目的によって変えていけば、最短ルートで読み終えることができるでしょう。

読んだ本の内容を記憶に定着させるためには、できるだけアウトプットする機会を持つとよいと思います。ビジネス書ならひとつかふたつ実際にやってみるのもいいでしょうし、専門書であればその本を使ってディスカッションをするのも手です。私の実践している「ＴＯＤＯリストは細かくリストアップして作る」というアイデアも、かつて読んだビジネス書からヒントを得たものです。

ちなみに私が本を読むのは、毎日のすきま時間です。本屋にいるよりもパソコンの前にいることのほうが多いので、おのずとＫｉｎｄｌｅ（キンドル）でダウンロードして読むことがふえました。紙の本だと「今欲しいのに、手元に届くのは明日」になってしまいますから。

しかし、紙の本でしか読めないものも、まだまだありますので、そういったものはしっかりと入手して、夏休みや年末年始などの旅行中に、何冊か持って行き、まとめ読みすることが多いですね。

佐藤有紀（さとう・ゆき）

弁護士。2003年一橋大学法学部（私法課程）卒業後、2005年弁護士登録。2011年University of Southern California Gould Law School（LL.M.）卒業後、2012年米国New York州弁護士登録。外資系渉外事務所等を経て、2014年12月より、弁護士法人虎門中央法律事務所パートナー。各種企業法務、特に国内外の企業のためにM&A、投資案件に多く携わり、またベンチャー支援も手がける。上場会社を含む複数の会社の社外役員、公益社団法人セーブ・ザ・チルドレン・ジャパン監事、一般社団法人如水会監事等を勤める。著書に『投資事業有限責任組合の法務と税務』（税務経理協会）（共著）、『最新！ここまでわかった企業のマイナンバー実務Q&A』（日本法令）（共著）などがある。

しない技術

2016年12月5日　第1刷発行

著　者　佐藤有紀
発行者　長坂嘉昭
発行所　株式会社プレジデント社
〒102-8641 東京都千代田区平河町2-16-1
平河町森タワー13階
http://president.jp　http://str.president.co.jp/str/
電話　編集（03）3237-3732　販売（03）3237-3731

装　丁　細山田光宣　藤井保奈（細山田デザイン事務所）
イラスト　MAIKO SEMBOKUYA
販　売　桂木栄一　高橋 徹　川井田美景　森田 巌
遠藤真知子　末吉秀樹　塩島廣貴
構　成　池田純子
撮　影　大沢尚芳
編　集　渡邉 崇
制　作　田原英明

印刷・製本　株式会社 ダイヤモンド・グラフィック社

ISBN978-4-8334-2208-6 Printed in Japan